ÜBER DIESES BUCH

Hier wird vom Anfang der Welt erzählt, wie Tiere, Pflanzen und Menschen entstanden, und wie sie lernten, miteinander zu leben. Vom Himmel und den Gestirnen ist die Rede, aber auch vom Alltag, von der Jagd und vom Fischfang, vom Verhältnis des Mannes zu seinen Frauen und Kindern und von der Erotik, von der lebendigen Natur und vom Klima. In diesen Märchen und Mythen erfahren wir etwas von den Leidenschaften und Ängsten, vom Glück und auch von den realen Lebensumständen, von den Ritualen und Sitten der Indianer, von ihnen selbst erzählt.

»In den Wintermonaten, wenn alle dicht gedrängt um das Herdfeuer hockten, verlangte es die Leute nach einer Stimulation ihres Bewußtseins. Sie hatten geradezu ein Bedürfnis danach, daß jemand ihre Vorstellungskraft belebte. Sie wollten sich aus dem meist recht elenden realen Leben nur zu gern in das Märchenreich reiner Phantasie versetzen lassen ...«

DER HERAUSGEBER

Frederik Hetmann (Hans-Christian Kirsch), geboren 1934 in Breslau, studierte Sprachen und politische Wissenschaften in Frankfurt am Main, München und Madrid. Mitglied des PEN-Clubs. Lebt heute als Schriftsteller in Nomborn/Westerwald. Wichtige Veröffentlichungen: ›Mit Haut und Haar‹ (1961), ›Blues für Ari Loeb‹ (1961), ›Amerika Saga‹ (Deutscher Jugendbuchpreis, 1965), ›Das schwarze Amerika – Vom Freiheitskampf der amerikanischen Neger‹ (1970), ›Ich habe sieben Leben. Die Geschichte des Ernesto Guevara, genannt Che‹ (Deutscher Jugendbuchpreis 1973), ›Bob Dylan‹ (1976), ›Rosa L.‹ (Fischer Taschenbuch Band 2132.)

Eine Aufstellung seiner im Fischer Taschenbuch Verlag erschienenen Titel in der Reihe ›Märchen und Sagen aus aller Welt‹ finden Sie im Anhang dieses Bandes.

INDIANERMÄRCHEN AUS KANADA

Herausgegeben und übersetzt von
Frederik Hetmann

FISCHER TASCHENBUCH VERLAG

26.–30. Tausend: Mai 1984

Originalausgabe
Veröffentlicht im Fischer Taschenbuch Verlag GmbH,
Frankfurt am Main, September 1978

Umschlagentwurf und Textillustration
von Jan Buchholz / Reni Hinsch
Druck und Bindung: Clausen & Bosse, Leck
Printed in Germany
780-ISBN-3-596-22806-9

INHALT

MEDIZINGESCHICHTEN

HELDEN, SCHELME, ABENTEURER

MÄRCHEN, ENTLIEHEN VOM WEISSEN MANN

VORWORT

Magie und Beschwörung:

Märchen und Mythen der kanadischen Indianer

Alles Leben ist »wakan« ... alles, dem eine Kraft innewohnt, ob in Aktion wie der Wind oder treibende Wolken oder in passivem Verharren wie der Stein am Wegrand.
Selbst der einfachste Stock oder ein unauffälliger Stein haben eine spirituelle Essenz, die als eine Manifestation der alles durchdringenden geheimnisvollen Kraft aufzufassen ist, die das Universum erfüllt.

FRANCIS LA FLESCHE

Indianer glauben, daß es die Eigenart des Menschen sei, das natürliche Gleichgewicht der Dinge aufheben zu können.
Deswegen ist für den Menschen bei all seinen Handlungen, die in den kosmologischen Zusammenhang eingreifen, größte Vorsicht geboten.

TOM BAHTI

Der Begriff »totem« leitet sich von dem Wort »ototeman« der Ojibwa (geschwisterlicher Verwandter) bzw. von dem Algonkin-Wort nto'te-m (mein Verwandter) ... her. Er bezieht sich auf ein Tier, das mit einer Verwandtschaftsgruppe im Zusammenhang steht und entweder als deren mythischer Vorfahre oder als deren Schutzherr und Freund angesehen wird.

LEACH/FRIED, STANDARD DICTIONARY OF FOLKLORE

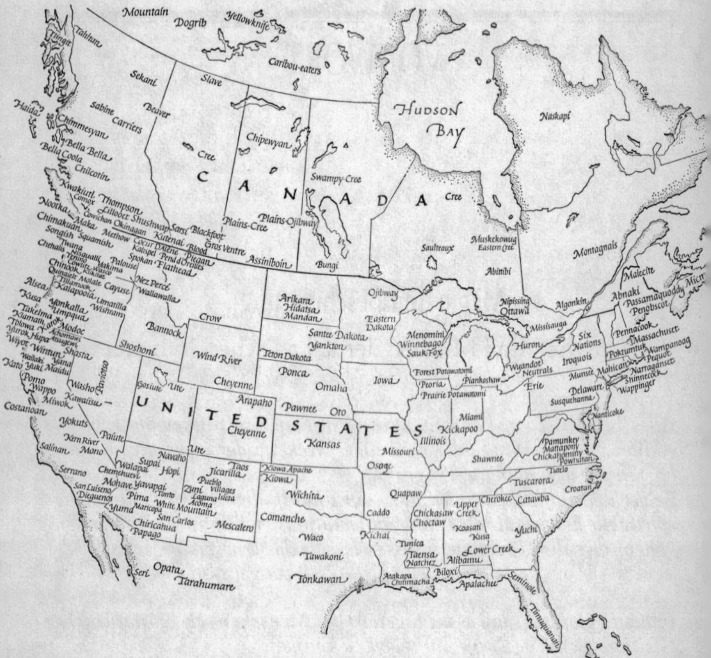

Mountain
Dogrib
Yellowknife
Tahltan
Tlingit
Caribou-eaters
Sekani
Slave
Haida
Sabine
Beaver
Carriers
Chimmesyan
HUDSON BAY
Naskapi
Chipewyan
Bella Bella
Bella Coola
Cree
Chilcotin
CANADA
Swampy-Cree
Cree
Kwakiutl
Comox
Thompson
Nootka
Cowichan
Lillooet
Shushwap
Sarsi
Blackfoot
Plains-Cree
Plains-Ojibway
Chimakuan
Maka
Okinagan
Kutenai
Blood
Gros Ventre
Songish
Squamish
Methow
Coeur D'Alene
Saulteaux
Muskekowig
Eastern Cree
Montagnais
Kalispel
Pend d'Oreilles
Piegan
Assiniboin
Chehalis
Twana
Nisqualli
Yakima
Spokan
Flathead
Bungi
Abitibi
Palouse
Wasco
Chinook
Cowlitz
Klikitat
Malecite
Quinaielt
Molale
Tillamook
Cayuse
Nez Percé
Walla walla
Alsea
Kalapooia
Umatilla
Ojibway
Abnaki
Passamaquoddy
Micmac
Arikara
Nipissing
Ottawa
Algonkin
Penobscot
Kusa
Yonkalla
Wishram
Hidatsa
Mandan
Takelma
Umpqua
Eastern Dakota
Missisauga
Karok
Modoc
Crow
Klamath
Santee Dakota
Menomini
Six Nations
Pennacook
Massachuset
Tolowa
Achomawi
Bannock
Yurok
Hupa
Atsugewi
Yankton
Winnebago
Huron
Poktumtuk
Wampanoag
Wiyot
Shasta
Shoshoni
Sauk Fox
Wintun
Wailaki
Yana
Teton Dakota
Iroquois
Pequot
Kato
Yuki
Maidu
Wind River
Wyandot
Neutrals
Mahican
Narragansett
Munsee
Shinnecock
Ponca
Forest Potawatomi
Viotso
Pomo
Washo
Cheyenne
Iowa
Piankashaw
Wappinger
Gosiute
Ute
Peoria
Erie
Wappo
Kawaiisu
Omaha
Delaware
Miwok
Prairie Potawatomi
Arapaho
Susquehanna
Costanoan
UNITED STATES
Pawnee
Oto
Nanticoke
Miami
Yokuts
Cheyenne
Kickapoo
Kern River
Paiute
Illinois
Pamunkey
Kansas
Mattapony
Salinan
Mono
Ute
Chickahominy
Missouri
Powhatan
Navaho
Shawnee
Supai
Walapai
Taos
Osage
Tutelo
Hopi
Serrano
Chemehuevi
Jicarilla
Kiowa Apache
Kiowa
Tuscarora
Mohave
Yavapai
Pueblo villages
San Luiseno
Tonto
Zuni
Wichita
Croatan
Diegueños
Laguna
Isleta
Quapaw
Pima
Acoma
Cherokee
Catawba
Maricopa
White Mountain
Upper Creek
Yuma
Caddo
Chickasaw
San Carlos
Comanche
Choctaw
Koasati
Chiricahua
Mescalero
Papago
Yuchi
Kichai
Kusa
Waco
Tunica
Lower Creek
Taensa
Alibamu
Natchez
Tawakoni
Biloxi
Seri
Opata
Atakapa
Chitimacha
Apalachee
Seminole
Tarahumare
Tonkawan
Timucuan

Um dies gleich einzuräumen: die Bezeichnung »Indianer-Märchen aus Kanada« ist gewiß anfechtbar. Zwar stammen die meisten der in diesem Band versammelten Texte von Indianerstämmen, die einmal auf dem Territorium Kanadas gelebt haben oder dort leben. Andererseits stellt natürlich die Staatsgrenze zwischen Kanada und den USA keine natürliche Grenze dar. Sie trennt nicht säuberlich in ihrer Lebensweise, ihrer Sprache, in ihrer Kulturform unterschiedliche Gruppen der Urbevölkerung Amerikas voneinander. Somit soll das Stichwort »Kanada« im Titel lediglich andeuten, daß es sich hier speziell um Märchen und Mythen von Indianerstämmen aus dem nördlichen Teil des Subkontinents Nordamerika handelt.

Zu ergänzen wäre ein solcher Band um einen weiteren, der die recht andersartigen Stoffe aus dem Südteil des Subkontinents (aus Neu-Mexico, Arizona und Kalifornien) zusammenfaßt. Der Süden Nordamerikas stellt ein starkes Kraftfeld indianischer Kultur und Tradition dar.

Nicht zufällig haben sich gerade dort bis in unsere Tage geschlossene Stammesgruppen wie die Navaho, die Pueblos, die Zuni und die Hopi erhalten, die ihre alten Traditionen und Zeremonien zu bewahren wußten. Da gibt es die kachina-Mythen. (Mit jedem der über 200 heiligen Wesen der Hopi, in denen sich die geistige Essenz von Tieren, Pflanzen, Bergen und Flüssen phantasievoll personifiziert, verbindet sich eine Geschichte, die schon dem Kind nahegebracht wird, während die Erwachsenen sie in bestimmten Zeremonien tänzerisch darstellen.)

Es gibt ein weit verzweigtes Epos, das, von Indianern erzählt, von Weißen schriftlich niedergelegt, während der letzten Jahrzehnte einem größeren Kreis von Interessierten zugänglich wurde – ein von magischem Bewußtsein durchwehtes Geschichtswerk, durchaus dem »Alten Testament« vergleichbar, das den evolutionären Weg des Hopi-Stammes durch die neun

Welten erzählt. Es gibt die mit Heilungszeremonien und Sandmalereien verbundenen mythischen Geschichten der Navahos. – Es gibt Märchenzyklen, wie den von Jaime de Angulo aufgezeichneten, die um die verschiedenen Totemtiere der kalifornischen Stämme kreisen. – Es gibt Protokolle von Reisen durch Zeit und Raum, die jene halluzinatorischen Zustände abbilden, welche auch als Anregung zu Castanedas Büchern eine Rolle gespielt haben.

Daß der Süden für die Entstehung von Märchen und Mythen günstig war – seine Landschaften scheinen geradezu dazu herauszufordern, die sich grell darstellende Übermacht der Natur in einer Geschichte zu bannen und ihr somit Herr zu werden –, will spontan einleuchten. Es läßt sich durch das Vorgefundene auch beweisen.

Aber der Norden?

Die Region

Mit dem Norden assoziiert man Kälte, Nässe, Eis, Hagel, Schnee, Regen, Wälder, Tundren, Felsinseln, Seen, einsame Meeresbuchten, leeres Land.

Beim Norden denkt man an menschenleere Weiten, an kleine Stämme von Fischern, Jägern und Sammlern, die alle Anstrengungen darauf verwenden müssen, überhaupt zu überleben.

Alles in allem: Der rauhe Norden scheint dem Gedeihen und der Weitergabe von Geschichten weniger zuträglich zu sein.

Warum dann also eine Sammlung mit Indianermärchen des Nordens?

Zunächst einmal deshalb: In ihnen teilt sich ganz besonders etwas von dem Bewußtseinszustand jener Gruppen, Klans, Familien, Horden und Stämme mit, die über eine heute nicht mehr vorhandene Landbrücke von Asien in das heutige Alaska hinüberwechselten und sich dann in einer Jahrhunderte währenden Wanderung immer weiter nach Süden ausdehnten. Wilhelm Pferdekamp (Die Indianer-Story) und C. W. Ceram (Die ersten Amerikaner) haben, von völkerkundlichen und archäologischen Forschungsergebnissen ausgehend, die Sagas dieser Völkerwanderung, oder besser ihrer Spuren, geschrieben.

Märchen und Mythen haben gegenüber Kanuteilen, Schädel-

fragmenten oder Feuersteinen den unschätzbaren Vorteil, daß aus ihnen die frühen Menschen direkter zu uns sprechen.
Mit anderen Worten: In diesen Geschichten tauchen wir in die Phantasmagorien dieser frühen Sammler und Jäger ein, erfahren durch sie selbst etwas von ihren Leidenschaften, Ängsten, von ihrem Glück, ja, nicht selten sogar auch etwas über ihre realen Lebensumstände.
Es kann nicht Aufgabe dieser Einleitung sein, zu untersuchen, welche Handlungselemente, welche Motive aus dieser allerfrühesten Zeit menschlicher Existenz in Nordamerika stammen und welche auf spätere Zivilisationszustände hindeuten. Lediglich dort, wo diese Märchen und Mythen ganz eindeutig Motive aus der Welt des weißen Mannes aufgreifen, wurde das deutlich gemacht. (Letzter Abschnitt: Märchen – entliehen vom Weißen Mann.)
Wir sollten uns aber in Hinblick auf diese Region auch klar machen, daß es nicht nur eine große Wanderung gab, die von Norden nach Süden, von Nordwesten nach Südosten verlaufen ist. Später gab es eine Fluchtbewegung von Osten nach Westen. Tausende der Nachfahren jener immer wieder betrogenen und entrechteten Waldlandindianer stahlen sich über nur ihnen bekannte Pfade aus der alten Heimat davon oder ruderten in kleinen, wendigen Birkenkanus über die unzähligen Wasserwege nach Westen. Auch Züge von Süden nach Norden gab es in diesem Raum. Man denke an die Flucht der Sioux-Abteilungen nach der Custerschlacht am Little Bighorn im Jahre 1876 von Montana und Dakota nach Kanada, wo man vor der Verfolgung durch die US-Armee sicher war.
Will der Leser eine genauere Vorstellung gewinnen, woher die Märchen dieses Bandes stammen, so werfe er einen Blick auf die beigegebene Karte. Sie gibt in etwa den Aufenthaltsort der einzelnen Stämme bei Ankunft des weißen Mannes wieder.
Im Küstengebiet, etwa zwischen der Mündung des St. Lorenzstromes im Norden und Neu-England im Süden, wohnten die Malecite, die Micmac, die Passamaquoddy. An sie schlossen sich um die Großen Seen die Six Nations, die Irokesen, die Huron Wyandots, die Menomini und die Ojibwa an.
In den großen Ebenen des Westens und auf dem westlichen Plateau lebten die Assiniboin, die Kutenai, Blackfeet und Sarcee. An der Nordpazifik-Küste auf den der Küste vorgelagerten Inseln sind die Thompson, die Chilcotin, Bella-Coola,

Bella-Bella, die Kwatkiutl, Haida und Tlingit zu suchen. Noch weiter im Norden: die Kodiak und andere Eskimostämme, die mit den Indianern eng verwandt sind.

Die Algonkin-Familie und ihr Schicksal

Die meisten dieser Stämme gehören der großen Algonkin-Familie an.

Algonkin waren sowohl die Naskapi in Labrador, die Delawaren an der Atlantikküste, die Ojibwa im sogenannten »Zentralgebiet«, dem »alten Nordwesten«, die Blackfeet in den Großen Ebenen und die Bella-Coola an der Pazifikküste. Das Gemeinsame dieser räumlich so weit voneinander entfernt wohnenden Stämme war die Ähnlichkeit ihrer Sprachen.

Das läßt sich an einem Wort leicht demonstrieren, das einen auch in unserem Zusammenhang sehr wichtigen Begriff ausdrückt: Totem. Es stammt aus der Algonkinsprache. Bei den Ojibwa hat es die Form »oteman«, bei dem Stamm Algonkin »nto'te-m«, bei den Cree »ototema«. (Übrigens hat die wissenschaftliche Diskussion darüber, was man unter Totem zu verstehen habe, im Laufe unseres Jahrhunderts entscheidende Veränderungen durchgemacht. 1905 noch definiert Frazer, Totem sei »eine Klasse materieller Objekte, die ein Wilder mit abergläubischer Ehrfurcht betrachtet, indem er davon ausgeht, daß zwischen ihm und jedem dieser Klasse zuzurechnenden Ding oder Wesen eine intime und besondere Beziehung bestehe«. 1910 erklärt Goldenweiser: »Totemismus ist eine besondere Sozialisation eines Gefühlwertes.«

Inzwischen wissen wir auch, daß jene Gegenstände, die wir »Totempfähle« zu nennen gewohnt sind, Grabpfähle oder überirdische Kistengräber sind, und daß die neueren »Totempfähle« bei den Tsimshian, Haida und Kwakiutl und den Tlingit an der Nordwest-Pazifik-Küste Wappen darstellen bzw. die Geschichte des Geschlechtes erzählen, an dessen Haus sie angebracht sind.)

Aber zurück zur großen Algonkin-Familie. Auch gewisse Gegenstände sind all ihren Stämmen gemeinsam. »Wigwam« ist das Algonkin-Wort für »Haus«. Die Hausformen variieren, sind den spezifischen landschaftlichen und klimatischen Bedingungen angepaßt. Aber der Grundtyp ist gleich: ein ovales

Rahmenwerk von Pfosten, oben kuppelförmig gebogen. Die Kleidung ist ähnlich: Moccasins, Leggins, ein Lendentuch, ein Umhang. Das charakteristische Kostüm der Frauen war ein Rock, der dadurch entstand, daß man ein rechteckiges Stück Leder oder Fell um die Hüften legte oder band.

Während die Mythologie, eine Mischung aus Allegorie, Philosophie, Mystik und Ethik, von Stamm zu Stamm sehr unterschiedlich sein konnte, gab es auch hier Grundmuster. Da ist der die Kulturgüter bringende, die Techniken lehrende Supermann, Manibozo, Manabozo oder Manabus. Manabus gab die Anweisungen, wie das Leben eingerichtet werden sollte. Wenn die Zweckmäßigkeit einer Sitte in Frage gestellt wurde, so war darauf die Antwort der Algonkin: »Manabus hat es so gemacht.« Donner und Blitz werden als höhere Wesen betrachtet, häufig ist bei den verschiedenen Stämmen die Vorstellung, daß Gott oder ein Gottwesen die Gestalt eines Vogels annimmt, vielleicht, weil der Donner zum Himmel gehört und diese Region nur den Vögeln zugängig ist.

Jeder Indianer der Algonkin-Familie ging davon aus, einen übernatürlichen Schutzgeist zu haben. Erfolg im Leben hing vom guten Willen des Schutzgeistes ab. Diese Schutzgeister waren gewöhnlich Tiere oder göttliche Vögel bzw. jene Wesen, die hinter dem Tier oder dem Vogel standen und für seine Existenz verantwortlich waren. So erklärt sich das in vielen Märchen und Mythen durchschimmernde geradezu brüderliche Verhältnis zwischen Menschen, Tieren und manchmal auch Pflanzen. Für die Weißen war es nahezu unmöglich, diese totemistische Philosophie der Indianer zu verstehen, für die Indianer war sie fundamental wichtig.

Was Zeremonien und Rituale anging, so unterscheiden sich die Algonkin nicht wesentlich von anderen großen indianischen Völkerfamilien.

Eine hervorzuhebende Besonderheit stellte lediglich die Midé-Gesellschaft dar, die man bei vielen Algonkin-Stämmen beobachtet. Es war ein auf einem Ritual beruhender Orden, dessen Mitglieder verschiedene Weihen durchlaufen mußten. Dies alles ging in der Öffentlichkeit vor sich. Das betreffende Mitglied wurde mit einer weißen Muschel beworfen oder geritzt und verfiel darauf in Trance. Die Lieder und Vorgänge der Zeremonie wurden in einer Art Bilderschrift auf Birkenborke geritzt. Die Algonkin waren die einzigen Indianer in Kanada und den USA, die so etwas wie eine Bilderschrift entwickelten. Das besondere Schicksal der Algonkin im geschichtlichen Prozeß seit der Landung der Weißen in Nordamerika war es, daß sie gleich in drei große kriegerische Konflikte verwickelt wurden. Das führte dazu, daß heute der Name vieler der im Osten lebenden Stämme nichts als ein Wort auf der Landkarte ist. Der erste Konflikt – ein intern indianischer – war noch im Gang, als die Franzosen in Kanada, die Engländer und Holländer weiter südlich ihre ersten Kolonien in der Neuen Welt zu gründen begannen. Von Süden her kommend, hatten sich langsam und unter immer neuen Kämpfen die kriegerischen Stämme der Irokesen zwischen die Untergruppen der Algonkin-Familie geschoben.

In kaum einem kanadischen Schulbuch fehlt die Geschichte über den berühmten französischen Entdecker Chamlain, der sich von Quebec aus einer Abteilung Algonkin anschloß, die über den später nach ihm benannten See hin einen Feldzug gegen ihre Erzfeinde, die Irokesen unternahmen.

Nicht zuletzt durch den Einsatz der Feuerwaffen ihrer französischen Verbündeten siegten die Algonkin. Das vergaben die Irokesen den Franzosen nie. Sie schlugen sich von nun an auf die Seite der Engländer und Holländer und leisteten ihnen Schützenhilfe bei ihren Kämpfen mit den französischen Nachbarn. Den Irokesen hatten es die Engländer zu verdanken, daß die Franzosen das Mohawk-Tal nicht besetzen konnten.

Der zweite Konflikt waren die Kriege zwischen Franzosen und Engländern, in die diese Stämme zwangsläufig verwickelt wurden, wobei die Weißen es geschickt verstanden, alte Feindschaften auszunutzen. Wie entscheidend dieser Konflikt war, geht unter anderem aus der Tatsache hervor, daß es unmittelbar östlich der Großen Seen einen Stamm gab, der sich »Neutrals« (Neutrale) nannte.

Der dritte Konflikt schließlich war die Auseinandersetzung zwischen den Indianern und den weißen Siedlern. Die Strategie der Engländer, besonders jener in der Plymouth-Kolonie, bestand darin, Unfrieden unter den Stammesgruppen zu stiften und sie sich gegenseitig aufreiben zu lassen. Die puritanischen Kolonisten hielten sich für die erwählten Kinder Gottes. Er liebte sie, er »stand auf ihrer Seite«, er erwartete von ihnen, daß sie die Indianer vernichteten, auf daß Platz würde für Gottes wahre Kinder. Aus der Tendenz der weißen Literatur über die Indianerkriege in Neu-England (King William's War 1689–97, Queen

Anne's War 1701–13, King George's War 1744–48 und French and Indian War 1754–63) geht ganz eindeutig hervor, daß das Abschlachten von Indianern, die Tötung von Frauen und Kindern, das Ausräuchern der Hütten keiner Entschuldigung bedurfte. Im Gegenteil, wer von solchen Aggressionskriegen heimkam, dankte in der Kirche Gott, daß er die Heiden in seine Hände gegeben habe.

Typologie

Handelt es sich, so könnte man fragen, bei den in diesem Buch versammelten Erzählungen der Indianer um Märchen? Und wenn nicht: um was sonst?

Märchenhaft sind sie insofern, als sie fast alle übernatürliche Vorgänge schildern und ihnen noch in der Übersetzung anzumerken ist, daß sie lange Zeit mündlich überliefert worden sind.

Als Mythen ließen sich jene Geschichten bezeichnen, die etwas mit Göttern oder übermenschlichen Helden zu tun haben.

Wenn man hingegen Mythe als Überlieferung aus vorhistorischer Zeit definiert, so sind dies alles Mythen.

Schon Stith Thompson hat den Versuch einer klaren, eindeutigen Trennung zwischen Mythen und Märchen für den indianischen Bereich als letztlich sinnlos bezeichnet. Der Übergang ist fließend. So werden denn auch die Begriffe »myth« (Mythe), »tales« (Geschichte, Märchen) und »legend« (Legende, Wundergeschichte, Zaubermärchen) im Englischen für diese Texte synonym verwendet.

Etwas weiter kommt man, wenn man von immer wiederkehrenden Grundmustern her eine Typologie zu entwickeln versucht.

Da sind zunächst einmal Geschichten, in denen davon erzählt wird, wie die Welt vor unserer Zeit war. Ihr hauptsächlicher Zweck besteht offenbar darin, Vorbereitung und Einrichtung des gegenwärtigen Seinszustandes zu begründen. Sie erklären den Ursprung gewisser Tiere, Pflanzen, Völker, ja die Entstehung des Universums selbst. Sie hängen somit eng mit dem Vorstellungsbereich des Totem zusammen.

Gewissermaßen eine Unterabteilung dieses Typs stellen Geschichten dar, die die Entstehung einer Zeremonie beschreiben. Modellcharakter im Sinn dieses Typs hat der Text »Vom Ursprung des Sonnentanzes« im zweiten Abschnitt des vorliegenden Buches.

Ein anderes Grundmuster lernt man in den Geschichten im Glooscap und Manabozo kennen. In eine schon bestehende Welt tritt ein kulturstiftender Held ein. Er ist Lehrmeister in bestimmten Kulturtechniken. Er verändert manchmal sogar die Topographie, nimmt den Kampf gegen das Böse auf, macht die Notwendigkeit einer Moral bewußt. Die meisten dieser kulturbringenden Helden, die etwas von einem Idol, einem Mustermenschen haben, sind aber nun zugleich auch »trickster«. In dem Wort, das ohne Bedeutungsverlust schwer zu übersetzen ist, steckt unser Begriff des Tricks. Ein »trickster« ist eine Person, der ein Trick einfällt, ein Schelm, ein Eulenspiegel. Der »trickster« tritt aber nicht selten auch als Inkarnation der Gier, der Grausamkeit, der Dummheit und Lüsternheit auf. Seine wohltätigen Handlungen ergeben sich eher beiläufig. Somit hat der »trickster« auch etwas Mephistophelisches. Er ist ein Teil von jener Kraft, die stets das Böse will und stets das Gute schafft.

Eine dritte große Gruppe bilden jene Geschichten, die von einem Leben erzählen, das dem gegenwärtigen wenigstens entfernt ähnlich ist. Zwar nimmt das Wunderbare in ihnen einen großen Raum ein. Es ist gewissermaßen das märchenhafte Element. Da kommt es zu Verwandlungen. Da wird gezaubert. Da finden Reisen in andere Welten statt. Man kämpft gegen Ungeheuer. Menschenfrauen werden von übermächtigen Tieren in Gefangenschaft gehalten.

Aber die Art und Weise, wie die Charaktere dargestellt werden, zeigt, daß eigentlich ganz durchschnittliche Menschen auftreten. Der allgemeine Hintergrund ist das Stammesleben und eine Landschaft bzw. eine Natur, die nie verniedlicht oder verharmlost wird. Weit eher werden deren grausame und den Menschen bedrohende Züge herausgestrichen. Hier nähert sich das nordamerikanische Indianermärchen am weitesten dem europäischen Märchen an.

Die Charaktere in ihrer Individualität und die Umgebung bleiben vage. Die Ereignisse laufen ab nach Konvention. Die Motivation wirkt schwach, nicht selten fehlt sie ganz und gar. Unstimmigkeiten scheinen Erzähler wie Zuhörer nicht weiter gestört zu haben. Und doch sind es gerade diese Geschichten, aus denen wir viele Einzelheiten über das Alltagsleben, die psychologischen Konflikte und die Umgangsformen der Algonkin erfahren.

Einige Fakten über indianische Märchen- und Geschichtenerzähler, über Märchenerzählen als »lebendige Kunst«, sind uns durch europäische Reisende und Missionare aus dem 19. Jahrhundert überliefert. Anne Jameson, eine englische Schriftstellerin, lebte in den dreißiger Jahren des vorigen Jahrhunderts mehrere Monate bei den Chippewas und wurde mit ihrem Leben, wie sie selbst schreibt, *völlig vertraut*. Sie berichtete:

Wie die Araber haben sie unter sich berufsmäßige Geschichtenerzähler, Personen, die von Hütte zu Hütte gehen und ihre Stammesgenossen mit traditionellen Geschichten, Historien über Kriegstaten oder die Errungenschaften der Vorfahren unterhalten. Manche dieser Geschichten sind Allegorien und Fabeln und sollen eine Moral lehren. Andere haben nur den Zweck, Staunen und Verwunderung hervorzurufen. Geschichtenerzähler werden nach ihrer Eloquenz und ihrem Erfindungsreichtum eingeschätzt und sind immer willkommen. Sie können sicher sein, daß man ihnen den besten Platz im Wigwam überläßt und ihnen beim Essen die besten Bissen zuschiebt. Einige Leute, die nicht professionelle Geschichtenerzähler sind, besitzen ein erstaunliches Erfindungs- und Erinnerungsvermögen.

J. G. Kohl, ein Deutscher, der 1855 rund um den Lake Superior reiste, berichtet, wie weit das Erzähltalent bei den Algonkinstämmen verbreitet war:

Jeder scheint es zu besitzen. Männer wie Frauen. Einige Erzähler nehmen ihre eigene Einbildungskraft zu Hilfe und schmükken jene Geschichten, die zur bloßen Unterhaltung erzählt wurden, aus. Aber die Schöpfungsmythen und Geschichten über den Ursprung der Zeremonien sind in gewissem Sinn Teil ihrer Religion und wurden mit gewissenhafter Genauigkeit weitergegeben.

Die schauspielerischen Fähigkeiten eines erfahrenen indianischen Geschichtenerzählers werden auch von zwei europäischen Reisenden gerühmt, die an mehreren Abenden in den Jahren 1862–85 einen Cree-Indianer eine seiner langen Jagdgeschichten vortragen hörten:

Die Gesten und Grimassen, mit denen ein Indianer seine Rede begleitet, machen es leicht, das Erzählte zu verstehen ... die Szenen wurden teilweise regelrecht schauspielerisch darge-

stellt; die Bewegung des Wildes, das vorsichtige Anschleichen des Jägers, das Zielen, der Schuß, der Laut des getroffenen Tieres, das Geräusch, mit dem es davonprescht, und die Verfolgung: all das wurde schauspielerisch dargestellt und war ein Teil des Erzählens.

Die Zuhörer jeglichen Alters zu unterhalten, die Jungen zu belehren, die Geschichte des Stammes, seine Rituale und Sitten zu überliefern – darin bestand zweifellos der Hauptzweck des Märchen- und Geschichtenerzählens bei den Indianern der Algonkin-Familie.

Ein zusätzliches Motiv erwähnt ein Indianer, der in der Welt des Weißen Mannes erzogen wurde:

In den Wintermonaten, wenn alle dicht gedrängt um das Herdfeuer hockten, verlangte es die Leute nach einer Stimulation ihres Bewußtsein. Sie hatten geradezu ein Bedürfnis danach, daß jemand ihre Vorstellungen belebte. Sie wollten sich aus dem meist recht elenden realen Leben nur zu gern in das Märchenreich seiner Phantasie versetzen lassen.

Der Geschichtenerzähler kann so das Individuum aus sich selbst herausheben und es in einen Raum der Magie versetzen, wo es sich als übermenschliches Wesen fühlt, das zu gewaltigen Taten fähig scheint.

Märchenerzählen war mit wenigen Ausnahmen bei den meisten Indianerstämmen überhaupt auf die Winterabende beschränkt. Typisch sind in diesem Zusammenhang die Vorstellungen der Cree:

Während des Sommers war es nicht üblich, irgendwelche fiktive Geschichten zu erzählen. In dieser Zeit war jeder mit realen Handlungen voll und ganz ausgelastet und sollte nicht davon abgelenkt werden. Man sagte, wenn jemand zu dieser Jahreszeit Märchen erzählt, werde sein Leben durch eine Eidechse zerstört, die ihm das Blut aussauge.

Kröten und Schlangen, so hieß es bei anderen Stämmen, würden die Schlaflager der Menschen heimsuchen, wenn diese mit dem Geschichtenerzählen begännen, ehe der erste Schnee gefallen sei. In diesem Glauben sieht Hewitt den Überrest eines alten religiösen Tabus, das das Erzählen heiliger Mythen zu einer bestimmten Jahreszeit untersagte.

Eine alte Indianerin im hohen Norden von Kanada gab an, sie könne deswegen im Sommer keine Geschichten erzählen, weil dann die Geister unterwegs seien.

Sie könnten uns hören. Und sie haben es nicht gern, wenn man über so etwas spricht, aber im Winter sind sie weit fort, dann kann man sie nicht so leicht beleidigen.

Eine ähnliche Vorstellung trifft man bei den Huron-Wyandot. Dort wird im Sommer nicht erzählt, *weil zu viele Tiere die Geschichten hören könnten, und es würde sie kränken, wenn so intime Dinge über sie ausgeplaudert werden.*

Unter den Stämmen im Westen Kanadas, besonders unter jenen, die in etwas abgelegenen Regionen wohnten, wurde am Geschichtenerzählen bis ins 20. Jahrhundert hinein festgehalten. Pfarrer John McLean berichtet jedoch von den Blackfeet in Alberta im Jahr 1890:

Ich habe einige dieser Zaubergeschichten in den letzten neun Jahren wieder und wieder gehört, aber jetzt findet sich unter den Jungen keiner mehr, der noch in der Lage wäre, sie so genau zu erzählen wie die Alten. Außerdem wird das Land immer mehr von Weißen besiedelt.

Die Indianer sind nicht bereit, den Weißen so leichthin ihre religiösen Vorstellungen mitzuteilen, nicht zuletzt, weil sie sich fürchten, von ihren sich überlegen dünkenden weißen Brüdern ausgelacht zu werden.

Ein gebildeter Indianerhäuptling, Elias Johnson, der 1881 ein Buch mit Zaubermärchen und Überlieferungen der Irokesen veröffentlichte, weist in seiner Einleitung auf einige Schwierigkeiten hin, die mit dem Nachvollzug indianischer Folklore durch Weiße verbunden sind:

Es ist schwierig für einen Fremden, die Moral der indianischen Geschichten recht zu verstehen, obwohl doch eben von jenen, die es wissen sollten, erklärt wird, daß die Geschichten immer der Illustration eines moralischen Prinzips dienen.

Dem Fremden begegnen sie (die Indianer) voller Gastfreundschaft, aber sie öffnen ihm nicht ihre Herzen. Wenn man sie bittet, eine Geschichte zu erzählen, werden sie eben nicht jene Geschichten erzählen, die sie vortragen, wenn sie unter sich sind. Sie fürchten, sich lächerlich zu machen, und unterdrücken in Gegenwart von Weißen jeden Humor und jedes Pathos. Und selbst, wenn man ihre Sprache gut versteht – es gibt Tausende von Bildern, Anspielungen und Assoziationen, die einem Indianer vertraut sind und im Bewußtsein eines weißen Mannes keine Saite zum Schwingen bringen. Es gibt Myriaden von Stimmen in der Natur, denen gegenüber die Weißen taub sind, die die Indianer hören, aus denen sich ihnen Lebendigkeit und Kraft mitteilt.

Trotz dieser Schwierigkeiten und Einschränkungen scheint es mir für einen Weißen kaum einen besseren Weg zu geben, um sich mit indianischem Bewußtsein vertraut zu machen, als durch die Märchen und Mythen der Indianer.

Ganz gewiß geht vieles durch die völlige Diskongruenz der Sprachsysteme verloren. Trotzdem begegnet in diesen Geschichten der Leser dem Indianer direkt, ohne daß dabei die Unterhaltung zu kurz kommen müßte.

Indianische Erzähler haben die Eigenart, ohne Umschweife und Verkleidungen von den großen Grundthemen des menschlichen Lebens zu reden: Von Geburt, Zeugung, Tod; von Sehnsucht, Eifersucht, Neid, Hunger, Sättigung; vom Reisen, von der Verlockung durch die Ferne.

In Hinblick darauf, zu unterhalten, zugleich aber mit der Absicht, indianisches Bewußtsein, hin und wieder auch in schroffer Fremdartigkeit und ungeschönt durchzuführen, habe ich die Auswahl für diesen Band getroffen.

In der Zeit des Massentourismus auch über größere Entfernungen, sind diese Texte auch all jenen als eine magische Art der Annäherung an Menschen und Landschaften zu empfehlen, die im Urlaub in den Weiten Kanadas sich mit den Vehikeln moderner Technik fortbewegen.

Nomborn im Westerwald
Frühjahr 1978 — Frederik Hetmann

SCHÖPFUNGSGESCHICHTEN

Die Abenteuer des Raben

Des Raben Gier

Es gab einmal eine Zeit, da lag Dunkelheit über der Erde. An der Südspitze der Queen-Charlotte-Inseln aber lag eine Stadt, in der die Tiere wohnten. Die Stadt hieß Kungalas. Ein Häuptling und seine Frau lebten dort und ein Junge, ihr einziges Kind, das die Eltern sehr liebten. Deshalb versuchte der Vater ihn vor allem zu bewahren. Er baute für seinen Sohn ein Bett, das über seinem eigenen Bett lag, hinten in einem großen Haus. Er wusch ihn regelmäßig. Der Junge wuchs heran und wurde ein junger Mann.

Als er ganz erwachsen war, wurde der Sohn des Häuptlings krank, und es dauerte nicht lange, da starb er. Die Eltern waren sehr traurig. Sie weinten um ihr Kind. Der Häuptling lud seinen ganzen Stamm ein, und alle die Tierleute kamen und traten ein

in das Haus des Häuptlings. Dann befahl der Häuptling, die Leiche seines Sohnes aufzubewahren, und er sagte: »Nehmt die Eingeweide heraus.«
Seine Diener bahrten die Leiche auf, nahmen die Eingeweide heraus und verbrannten sie im Hinterteil des Häuptlingshauses, und die Leiche legten sie dann in das Bett, welches der Vater für seinen Sohn gezimmert hatte. Der Häuptling und seine Frau beweinten jeden Morgen ihren toten Sohn, und der ganze Stamm trauerte mit ihnen. So ging das Tag für Tag nach dem Tod des jungen Mannes.
Eines Morgens, ehe der Tag begann, wollte die Häuptlingsfrau wieder mit ihrer Klage beginnen. Sie stand auf und sah dorthin, wo ihr Sohn lag. Da sah sie einen Jungen. Sein Körper leuchtete wie Feuer, und er lag dort, wo die Leiche gelegen hatte.
Die Frau rief ihren Mann und sagte zu ihm:
»Unser geliebtes Kind ist ins Leben zurückgekehrt.«
Da stand der Häuptling auf und trat an den Fuß der Leiter, über die man zu dem Bett hinaufgelangte, in dem der Leichnam gelegen hatte. Er kletterte hinauf und fragte:
»Bist du es, lieber Sohn? Bist du es?«
Da sagte der strahlende junge Mann:
»Ja, ich bin es.«
Und Freude rührte an das Herz der Eltern.
Die Stammesangehörigen kamen wieder, um das Häuptlingspaar zu trösten. Als die Leute eintraten, waren sie sehr erstaunt, den strahlenden jungen Mann dort zu sehen. Er sagte zu ihnen:
»Der Himmel war es leid, eure ständigen Klagen mitanhören zu müssen. Deshalb bin ich herabgestiegen, um euch zu trösten.«
Der Stamm und ihr Häuptling waren sehr froh, daß der Junge wieder lebendig bei ihnen war. Und die Eltern liebten ihn mehr denn je.
Der strahlende junge Mann aß nur sehr wenig. Er blieb lange Zeit über da, aber er aß überhaupt nichts, er kaute nur etwas Fett, aß es aber nicht auf. Der Häuptling hatte zwei Sklaven – einen elenden Mann und sein Weib. Die großen Sklaven wurden genannt »Mund an jedem Ende«. Jeden Morgen brachten sie alle Arten von Nahrungsmitteln in das Haus. Eines Tages brachten sie auch eine große Portion Walfischfleisch mit. Sie warfen es auf das Feuer und aßen es dann. Das taten sie jedesmal, wenn sie vom Jagen zurückkehrten.
Die Frau des Häuptlings wollte auch ihrem Sohn, der wieder

lebendig geworden war, etwas davon zu essen geben. Sie fürchtete, ihr Sohn werde wieder sterben. Aber er lehnte es ab und lebte ohne Nahrung.
Am folgenden Tag unternahm der strahlende junge Mann einen Spaziergang, um sich zu erfrischen. Kaum hatte er das Haus verlassen, da kletterte der Häuptling die Leiter hinauf, wo sein Sohn sein Bett hatte. Und siehe da, dort lag die Leiche seines Kindes. Trotzdem liebte er sein neues Kind auch.
Eines Tages gingen der Häuptling und seine Frau aus, um den Stamm zu besuchen. Die zwei großen Sklaven traten ein und brachten ein großes Stück Walfischfleisch mit. Sie warfen das Walfett in das Feuer und aßen davon. Da trat der strahlende junge Mann auf sie zu und fragte sie:
»Was macht euch eigentlich so hungrig?«
Die beiden Sklaven erwiderten:
»Wir sind so hungrig, weil wir die Grinde von unseren Schienbeinen gegessen haben.«
Der strahlende junge Mann fragte erstaunt: »Mögt ihr denn das essen?«
»Aber ja doch, mein Lieber«, sagte der Sklave.
Da erwiderte der Häuptlingssohn: »Dann will ich auch von den Grinden essen, von denen ihr sprecht.«
Die Sklavenfrau sagte: »Aber nicht doch, mein Lieber. Wünschst du dir etwa so zu werden, wie wir sind?«
Der Prinz erwiderte: »Ich will es nur kosten, und dann werde ich es wieder ausspucken.«
Der männliche Sklave schnitt also ein kleines Stück Walfischfleisch ab und steckte etwas von dem Grind hinein.
Die Sklavin schalt ihren Mann, als sie das sah.
»Du schlechter Kerl«, schimpfte sie, »was machst du mit dem armen Prinzen?«
Der glänzende junge Mann nahm das Stück Fleisch mit dem Grind und steckte es in den Mund, spuckte es aber gleich wieder aus. Dann ging er in sein Bett.
Als der Häuptling mit seiner Frau heimkam, sagte der junge Mann zu seiner Mutter: »Ich bin hungrig.«
Die Frau des Häuptlings sagte sofort: »Aber mein Lieber, ist das wahr?«
Sie befahl den Sklaven, ihren Sohn mit den nahrhaftesten Speisen zu füttern.
Die Sklaven kochten die Gerichte, und der Junge aß sie alle auf.

Und immer noch war er hungrig und aß alles, und die Sklaven gaben ihm mehr zu essen als zuvor.
So ging das mehrere Tage, bis alle Nahrungsmittel im Haus des Häuptlings aufgezehrt waren. Dann zog der strahlende junge Mann in die anderen Häuser des Stammes und aß alles, was er dort fand. Und all dies nur, weil er von den Grinden des Sklaven gekostet hatte.
Jetzt gab es im ganzen Dorf keine Nahrungsmittel mehr. Der Häuptling schämte sich sehr, daß sein Sohn es dahin gebracht hatte.
Er rief alle Angehörigen des Stammes zusammen und sprach:
»Ehe wir noch weiter in Not und Elend geraten, will ich lieber mein Kind fortschicken.«
Alle Leute stimmten diesem Vorschlag zu, und der Häuptling rief seinen Sohn. Er sagte ihm, er solle sich hinten im Haus hinsetzen. Und als er dort Platz genommen hatte, sagte er zu ihm:
»Mein lieber Sohn, ich schicke dich landeinwärts zur andern Seite des Ozeans.«
Er gab dem Sohn einen kleinen runden Stein, das Federkleid eines Raben und die Blase eines Seelöwen, gefüllt mit allen Arten von Beeren. Dann fuhr er fort:
»Wenn du über den Ozean fliegst und dich müde fühlst, wirf diesen Stein ins Meer, und du kannst dich auf ihm ausruhen, und wenn du das Hauptland erreichst, verstreust du diese Früchte über das Land und verstreue auch den Lachsrogen, dann wird es dir nie an Nahrung fehlen, solange du auf dieser Welt lebst.«
Der Sohn brach auf, und sein Vater nannte ihn »Riese«.

Der Diebstahl des Tageslichts

Der Riese flog landeinwärts, also nach Osten. Er flog eine lange Zeit, und als er endlich müde wurde, ließ er den kleinen runden Stein, den ihm sein Vater gegeben hatte, hinabfallen. Er wurde ein großer Felsen, der aus der See aufragte. Der Riese ruhte sich darauf aus, erfrischte sich und legte sein Rabenkleid ab.
Zu dieser Zeit war es immer Dunkelheit. Tageslicht gab es nicht.
Der Riese legte sein Rabengefieder wieder an und flog weiter gen Osten. Er erreichte das Festland und kam an die Mündung des

Skeenaflusses. Dort hielt er inne und verstreute den Lachsrogen und den Forellenrogen. Und während er dies tat, sagte er: »Alle Flüsse und Bäche sollen voller Fische werden.«
Dann nahm er die Beeren aus der Blase des Seelöwen, verstreute sie über Land und sprach dazu:
»Alle Gebirge, Hügel, Täler, Ebenen und das ganze Land sollen voller Früchte werden.«
Die ganze Welt lag eingehüllt in Dunkelheit. Wenn der Himmel klar war, hatten die Leute ein bißchen Licht, das von den Sternen her zu ihnen drang, wenn aber Wolken am Himmel standen, war es pechschwarz überall. Die Leute wurden traurig davon. Der Riese überlegte sich, daß es ihm schwerfallen werde, sich immer Nahrung zu beschaffen, wenn es ständig dunkel war.
Er erinnerte sich, daß es im Himmel, woher er gekommen war, Licht gegeben hatte. Also entschloß er sich, das Licht herab auf die Welt zu bringen.
Am folgenden Tag legte er sein Rabengefieder an, das ihm sein Vater mitgegeben hatte, und flog höher und höher. Endlich stieß er auf ein Loch im Himmel und zwängte sich hindurch. Drinnen legte er sein Rabengefieder ab und ließ es nahe am Loch zurück. Er ging weiter und kam an eine Quelle nahe des Hauses, in dem der Häuptling des Himmels wohnte. Dort setzte er sich hin und wartete.
Die Tochter des Häuptlings kam heraus. Sie trug einen kleinen Eimer, mit dem wollte sie Wasser schöpfen. Sie ging zu der großen Quelle hin, die vor dem Haus ihres Vaters sprudelte. Als der Riese sie kommen sah, verwandelte er sich in eine Zedernadel, die auf dem Wasser trieb. Die Häuptlingstochter schöpfte sie mit dem Wasser in den Eimer. Sie trank aus dem Eimer, und dabei verschluckte sie die Zedernadel. Sie kehrte in das Haus ihres Vaters zurück.
Nach kurzer Zeit merkte sie, daß sie schwanger war, und sie gebar einen Jungen. Der Häuptling und seine Frau waren sehr froh darüber. Regelmäßig wuschen sie das Kind. Es begann zu wachsen. Es kroch schon herum. Sie wuschen es häufig, und der Häuptling sah darauf, daß der Fußboden des Hauses eben und sauber war.
Das Kind war jetzt schon recht kräftig. Es begann zu schreien und rief »hama, hama!« Es weinte die ganze Zeit, und der große Häuptling machte sich Sorgen und rief einen seiner Sklaven herbei. Er befahl dem Sklaven, den Jungen herumzutragen. Der

Sklave tat, wie ihm geheißen, aber der Junge wollte mehrere Nächte hindurch nicht schlafen. Immer rief er »hama, hama«.

Deshalb lud der Häuptling endlich all seine weisen Männer ein, und sie sagten ihm, sie wüßten auch nicht, was das Kind wolle und warum es weine.

Das Kind wollte aber eine Büchse, die im Haus des Häuptlings an der Wand hing.

In dieser Büchse wurde das Tageslicht aufbewahrt.

Die Büchse hing in einer Ecke des Hauses. Man nannte sie Ma. Der Riese kannte sie aus der Zeit, ehe er auf unsere Welt herabgekommen war. Das Kind weinte danach. Der Häuptling war zornig, und die weisen Männer hörten nur darauf, was der Häuptling ihnen erzählte. Aber dann weinte das Kind so laut, daß sie nicht mehr verstehen konnten, was der Häuptling ihnen sagte. Und das Kind schrie wieder und wieder: »Hama, hama, hama!«

Einer der weisen Männer verstand das Kind. Er sagte dem Häuptling: »Es will die Büchse.«

Der Häuptling ließ die Büchse von der Wand nehmen. Der Mann stellte sie hin. Sie stellten sie nahe dem Feuer ab und setzten das Kind in die Nähe. Da hörte es auf zu weinen und schien vergnügt. Dann rollte es die Büchse über den Fußboden im Haus. Der Häuptling achtete nicht weiter darauf. Schließlich vergaß er die Büchse ganz und gar. Er hatte Wichtigeres zu tun und zu bedenken. Dann nahm der Junge die Büchse auf die Schulter und rannte mit ihr aus dem Haus.

Während er davonrannte, sagte jemand: »Der Riese rennt davon mit dem Ma!«

Er rannte, und die Scharen des Himmels verfolgten ihn. Sie riefen es allen zu: »Der Riese rennt fort mit dem Ma!«

Er kam an das Loch im Himmel, legte sein Rabengefieder an, flog hinab. Die Büchse aber nahm er mit.

Die Scharen der Himmlischen kehrten zu ihren Häusern zurück, und er flog hinab auf unsere Welt.

Zu jener Zeit war unsere Welt noch ganz dunkel. Er kam weiter oben am Fluß auf die Erde und wanderte den Fluß hinab. Der Riese kam an die Mündung des Nass River. Es war alles noch dunkel, und er trug die Büchse bei sich. Ein bißchen weiter noch, und er hörte den Lärm jener Leute, die Fische in Beutelnetzen von ihren Kanus fingen.

Es war viel Lärm auf dem Fluß, denn die Leute arbeiteten hart.

Der Riese saß am Ufer und sagte: »Werft ein Ding von allem, was ihr fangt, ans Ufer, gute Leute!«
Nach einer Weile sagte der Riese wieder: »Werft jeweils einen Fisch von eurem Fang ans Ufer.«
Die auf dem Wasser schimpften auf ihn.
»Da kommt so einer daher und spielt sich groß auf«, sagten sie.
Die Tierleute wußten wohl, daß es der Riese war, aber sie wollten ihn necken.
Da sagte der Riese wieder: »Werft von jedem Fang einen Fisch ans Ufer, oder ich zerbreche diese Büchse hier.«
Aber alle, die auf dem Wasser arbeiteten, meinten: »Um den braucht man sich weiter nicht zu kümmern. Er ist ein Angeber.«
Der Riese wiederholte seine Aufforderung, aber die auf dem Wasser dachten nicht daran, auf ihn zu hören.
Da brach der Riese die Büchse auf. Heraus fuhr das Tageslicht. Der Nordwind begann scharf zu blasen. Alle Fischer, die Frösche, die sich über den Riesen lustig gemacht hatten, wurden vom Fluß vertrieben und auf die großen, gebirgigen Inseln geweht. Hier versuchten sie, sich auf die Felsen zu flüchten, aber sie klebten da fest, erfroren im Nordwind und wurden zu Steinen. Und Steine sind sie immer noch. In der Welt aber war es jetzt hell, und jeder konnte die Dinge in der Nähe, aber auch die Dinge in der Ferne erkennen. Darüber freute sich der Riese. Er stampfte auf und tanzte. Da zitterte die Erde, und die Vulkane spien Feuer und Asche.

Sedna, die Herrin der Unterwelt

Einst lebte an einer einsamen Küste ein Indianer mit seiner Tochter Sedna. Seine Frau war schon einige Zeit tot, und die beiden führten ein ruhiges Leben. Sedna wuchs zu einem schönen Mädchen heran, und von überallher kamen die jungen Männer, um um ihre Hand anzuhalten, aber keiner konnte ihr stolzes Herz rühren.
Schließlich, als das Eis aufbrach im Frühjahr, flog ein Eistaucher über die See herbei und warb um Sedna mit einem betörenden Lied.

»Komm mit mir«, sagte der Vogel, »komm mit in das Land der Vögel, wo nie jemand Hunger leidet, wo mein Zelt steht, gebaut aus den prächtigsten Fellen. Wir werden uns auf weiche Bärenfelle lagern. Meine Freunde, die Eistaucher, werden dir alles bringen, was dein Herz begehrt. Ihr Gefieder wird dir als Kleid dienen, deine Lampe wird immer Öl haben, in deinem Kochtopf wird immer Fleisch sein.«

Solchen Verlockungen konnte Sedna nicht widerstehen, und sie zogen zusammen über das weite Meer. Als sie nun endlich das Land der Eistaucher erreichten, erkannte Sedna, daß ihr Bräutigam sie schändlich belogen hatte. Ihr neues Heim war nicht aus schönen Pelzen, sondern abgedeckt mit Fischschuppen. Das Dach hatte viele Löcher, durch die Eis und Schnee eindrangen. Statt aus weichen Rentierhäuten bestand ihr Lager aus der Haut von Walrössern, und sie sollte von elendem Fisch leben, den die Vögel ihr brachten. Sehr bald war ihr klar, daß ihr Stolz und ihr Hochmut sie um ein besseres Leben an der Seite eines Inuitmannes gebracht hatten. In ihrem Kummer sang sie:

»Aja, o Vater, wenn du wüßtest, wie elend ich bin, würdest du herbeieilen und mich fortholen von hier. Die Vögel sehen mich unfreundlich an. Stets bleibe ich für sie eine Fremde, kalte Winde heulen um mein Bett, die Nahrung, die sie mir geben, ist elend. O komm doch und nimm mich heim. Aja!«

Als ein Jahr vergangen war und die See wieder aufgewühlt wurde von wärmeren Winden, verließ der Vater seine Heimat, um Sedna zu besuchen. Seine Tochter begrüßte ihn freudig und flehte ihn an, sie mit heimzunehmen. Als nun der Vater hörte, wie schändlich der Eistaucher sie getäuscht hatte, schwor er, Rache zu nehmen. Er tötete den Eistaucher, nahm seine Tochter zu sich ins Boot, und rasch verließen sie das Land, in dem Sedna nichts als Kummer erlebt hatte.

Als nun die andern Eistaucher heimkamen und ihren Gefährten tot liegen sahen und Sedna nirgends entdecken konnten, flogen sie den Flüchtenden hinterdrein. So traurig waren sie über den Tod ihres armen ermordeten Gefährten, daß sie bis auf unseren Tag trauern und klagen.

Nachdem sie eine kurze Strecke geflogen waren, entdeckten sie das Boot und erregten einen schweren Sturm. Die See erhob sich zu gewaltigen Wellenbergen, und Vater und Tochter drohte der Tod. In seiner Todesangst entschloß sich der Vater, Sedna den Vögeln auszuliefern und warf seine Tochter über Bord. Ver-

zweifelt hielt sie sich an der Kante des Schiffes fest. Der grausame Vater nahm ein Messer und schnitt die ersten Glieder all ihrer Finger durch. Als die Fingerglieder ins Wasser fielen, verwandelten sie sich in Walknochen.
Sedna klammerte sich immer noch am Boot fest. Jetzt schnitt ihr der Vater die zweiten Glieder aller Finger ab, und aus ihnen wurden die Seehunde.
Unterdessen hatte der Sturm nachgelassen, und die Eistaucher nahmen an, Sedna sei längst ertrunken. Der Vater erlaubte ihr nun, wieder zu ihm ins Boot zu kommen. Aber unterdessen hatte sich ein so wilder Haß bei ihr angesammelt, daß sie ihm bittere Rache schwor. Nachdem sie an Land gegangen waren, rief sie ihre Hunde, und während der Vater schlief, bissen die Tiere ihm Füße und Hände ab. Darauf verfluchte er die Tochter und die Hunde. Die Erde tat sich auf. Sie verschlang die Hütte, den Vater, die Tochter und die Hunde.
Seither leben sie in dem Land Adlivūn, also in der Unterwelt, und dort ist Sedna die Herrin.

Schwester Sonne – Bruder Mond

In alten Zeiten wohnten ein Bruder und eine Schwester in einem großen Dorf, in dem es ein Singhaus gab, und dort vergnügte sich die Schwester jeden Abend mit jungen Männern. Eines Tages gingen die Lampen im Singhaus aus. Jemand kam herein und vergewaltigte das Mädchen. Sie konnte ihn nicht erkennen, aber sie schwärzte ihre Hände mit Ruß. Und als sich der Vorfall wiederholte, beschmierte sie den Rücken des Mannes mit Ruß. Als die Lampen dann wieder angezündet wurden, sah sie, daß es ihr Bruder gewesen war, der sie vergewaltigt hatte.
In ihrer Wut nahm sie ein Messer und schnitt sich ihre Brüste ab. Die bot sie ihm mit den Worten an: »Da du Geschmack an mir findest, so iß dies!«
Ihr Bruder verfiel in Wut, und sie floh vor ihm und rannte aus dem Haus. Sie ergriff ein Stück Holz, jenes Holz nämlich, mit dem die Lampen gerichtet werden. Es glomm, und sie stürmte fort. Auch der Bruder hatte ein solches Stück Holz in der Hand, das glomm. Aber während der Verfolgung fiel er hin, und durch

den Sturz in den Schnee wurde die Glut sehr gedämpft, und dieses Holz gab nur noch einen matten Lichtschein. Während der Bruder der Schwester nachlief, merkten die beiden gar nicht, daß sie allmählich vom Erdboden abhoben, immer höher stiegen und ihren Kurs am Himmel fortsetzten. Die Schwester wurde in die Sonne verwandelt, der Bruder wurde zum Mond. Und wenn der neue Mond sich zum ersten Mal zeigt, singt die Schwester:
»Aningaga tapika, takirn tapika quamidjetedlirpoq qaumatitaudle.
Aningaga tapika, tikipoq tapika.«
»Mein Bruder dort oben, der Mond beginnt zu scheinen.
Es wird hell werden.
Mein Bruder dort oben, er steigt auf.«

Der Anfang der Cree-Welt

Die Schöpfung und die große Flut wird in den Mythen der Algonkin-Stämme unterschiedlich dargestellt.
Die Cree waren der westliche Zweig der Algonkis, die die größte Sprachgruppe unter den nordamerikanischen Indianern darstellen.
Die vorliegende Version wurde deshalb ausgewählt, weil sie von dem Entdecker und Geographen David Thompson aufgezeichnet wurde, noch ehe die Missionare zu dem betreffenden Stamm kamen.
Wisakedjak, die Hauptperson, taucht in vielen Märchen und Mythen der Cree auf. Sein Name bedeutet »der Schmeichler«. Er wird manchmal Weesack-kachack geschrieben.

Als der große Schöpfer alle Tiere gemacht hatte, und er hatte auch die ersten Menschen gemacht, sagte er zu Wisakedjak: »Paß gut auf die Menschen auf und bringe ihnen bei, wie man lebt. Zeig ihnen all die giftigen Wurzeln, die einen krank machen und an denen man stirbt, wenn man von ihnen ißt. Und sorge dafür, daß Menschen und Tier nicht miteinander streiten.«
Aber Wisakedjak hörte nicht auf den Schöpfer. Er ließ die Geschöpfe der Welt tun, was sie wollten. Und bald stritten sie sich, kämpften miteinander und vergossen viel Blut.

Darüber zeigte der Schöpfer Mißfallen, und er warnte Wisakedjak: »Wenn du die Erde nicht in Ordnung hältst, werde ich dir alles fortnehmen und werde dich elend machen.«
Aber Wisakedjak glaubte dem Schöpfer nicht und hörte nicht auf seine Worte.
Er wurde immer nachlässiger und ungehorsamer, er betrog die Tiere und die Menschen und hetzte sie gegeneinander auf. Sie stritten und kämpften, und die Erde wurde rot von Blut.
Diesmal wurde der Schöpfer sehr zornig: »Ich werde dir alles fortnehmen und den Boden reinwaschen«, sprach er.
Und immer noch glaubte Wisakedjak dem Schöpfer nicht. Er glaubte ihm nicht, bis die Regenfälle einsetzten und die Flüsse über die Ufer traten. Tag für Tag, Nacht für Nacht. Der Regen nahm kein Ende. Das Wasser in den Flüssen und Seen stieg höher und höher.
Am Ende traten sie über die Ufer und wuschen den Boden sauber. Das Meer kam auf das Land, und alles wurde ertränkt, außer einem Otter, einem Biber und einer Muskratratte.
Wisakedjak versuchte, das Meer aufzuhalten, aber es war stärker als er. Er setzte sich auf das Wasser. Er ließ sich im Wasser treiben und weinte. Bei ihm aber waren Otter, Biber und Muskratratte. Sie stützten ihre Köpfe auf einen seiner Hüftknochen.
Nach einiger Zeit hörte der Regen dann doch auf, und die See flutete wieder zurück. Wisakedjak faßte Mut, aber er wagte es nicht, mit dem großen Schöpfer zu sprechen. Nachdem er lange über sein Elend nachgedacht hatte, sagte er zu sich: »Wenn ich nur ein bißchen von der alten Erde unter dem Wasser haben könnte, würde ich eine kleine Insel machen, um darauf zu leben.«
Nun besaß er zwar nicht die Macht, etwas zu schaffen, aber er besaß sehr wohl die Macht, etwas, das schon geschaffen war, auszudehnen. Da er nicht tauchen konnte, wußte er auch nicht, was er tun sollte.
Da hatte der Schöpfer Mitleid mit ihm und sprach: »Ich will dir Macht geben, alles neu zu schaffen, wenn du die alten Gegenstände benutzt, die unter dem Wasser liegen.«
Wisakedjak, der immer noch in den Fluten trieb, sagte zu den drei Tieren neben sich: »Wir müssen verhungern, wenn ihr mir nicht ein bißchen von der alten Erde unter dem Wasser herbeischafft. Wenn ihr das tut, mache ich für euch eine Insel.«

Dann wandte er sich an die Muskratratte: »Du bist tapfer und stark. Wenn du unter Wasser tauchst und mir ein bißchen Erde holst, werde ich dafür sorgen, daß du immer genug Fische zu fressen bekommst.«
Also tauchte die Muskratratte mit dem Kopf voran ins Wasser. Tiefer und tiefer tauchte sie, aber sie brachte nichts herauf. Ein zweites Mal tauchte sie und blieb sehr lange aus. Als sie zurückkam, schaute Wisakedjek auf ihre Vorderpfote und schnüffelte.
»Ich schnuppere den Geruch von Erde«, sagte er. »Tauch noch einmal. Und bring mir selbst das winzigste Bröckchen, dann will ich dir eine Frau machen, Muskrat. Sie wird dir viele Kinder schenken. Sei jetzt tapfer und tauche geradewegs so tief hinab, wie du nur kannst.«
Diemals blieb die Muskratratte lange aus, und Wisakedjak fürchtete schon, sie sei ertrunken. Schließlich sah er ein paar Blasen aufsteigen durch das Wasser. Wisakedjak griff mit seinem langen Arm nach unten, packte die kleine Muskratratte und zog sie hoch neben sich.
Das kleine Wesen war fast tot, aber gegen die Brust gedrückt zwischen den Vorderpfoten hielt es ein Bröckchen von der alten Erde.
Freudig griff Wisakedjak danach, und innerhalb kürzester Zeit dehnte er es aus und machte eine Insel daraus. Dort ruhten er, die Muskratratte, der Otter und der Biber sich aus und freuten sich, daß sie nicht in der großen Flut ertrunken waren.
Manche sagen, daß Wisakedjak ein Stück Holz bekam, und daraus machte er Bäume, daß er einige Knochen bekam, daraus machte er die zweite Rasse von Tieren.
Andere sagen, der Schöpfer habe all diese Dinge allein wieder geschaffen. Er befahl den Flüssen, das Salzwasser wieder ins Meer zu tragen. Und dann erschuf er die Menschheit, die Tiere, die wir heute kennen, und die Bäume. Er nahm Wisakedjak alle Macht über die Menschen und die Tiere und ließ ihm nur die Macht zu schmeicheln und zu täuschen.
Danach spielte Wisakedjak den Tieren viele Streiche und stiftete sie zu Unfug an. Deshalb erzählen die Indianer so viele Geschichten über ihn, mit denen sie sich an den langen Winterabenden unterhalten.

Glooscap

In alten Zeiten, ehe der weiße Mann kam, glaubten die Indianer, daß jeder Stein und jeder Fluß, jeder Baum und jeder Vogel, jeder Berg und jedes Tier einen Geist besitze, der ihm innewohne. Einige dieser Geister waren gut, andere böse. Um diese Geister, die sich die Indianer als Riesen, Zauberer oder magische Tiere vorstellten, spannen sich Geschichten von Wundern, in ihrer Sprache atookwakuns genannt. In etwa läßt sich dieses Wort nach seinem Sinn mit dem Begriff Zaubermärchen übersetzen. Ein ganzer Kranz solcher Zaubermärchen rankt sich um eine Vorbildgestalt, die zugleich etwas von einem Lehrmeister in den Kulturtechniken und der Moral hat – um Glooscap.

Im Anfang gab es nur Wald und Wasser. Keine Menschen, keine Tiere. Dann kam Glooscap. Wo der wunderbare Riese geboren wurde, weiß keiner zu sagen, aber er kam von irgendwo aus dem Himmel mit seinem Bruder Malsum. Er kam in das Land, das der aufgehenden Sonne am nächsten ist. Er verankerte sein Kanu und verwandelte es in eine Granitinsel, auf der Lärchen und Kiefern wuchsen. Er nannte diese Insel Uktamkoo, und heute heißt sie Neufundland. Dort stand am Anfang Glooscaps Hütte. Der große Häuptling sah aus wie ein gewöhnlicher Indianer, nur daß er doppelt so groß war wie ein Mensch, auch doppelt so stark, und daß er große Zauberkräfte besaß. Er war nie krank. Er heiratete nie. Er wurde nie alt und mußte nicht sterben. Er besaß einen Zaubergürtel, der ihm große Macht verlieh, eine Macht, die er immer nur zum Guten benutzte.

Malsum, sein Bruder, war auch sehr groß. Er hatte den Kopf eines Wolfes und den Körper eines Indianers. Auch er konnte zaubern, aber er benutzte seine Kraft, um Böses zu bewirken.

Es war in der warmen Jahreszeit, als Glooscap kam.

Als er mit seiner Arbeit begann, duftete die Luft nach dem Harz der Bäume und nach Tang aus dem Meer. Zunächst schuf er aus Felsen die »kleinen Leute«, die Feen oder Negumoowessos, die zwischen Felsspalten hausen und eine wunderbare Musik machen. Jeder, der die Musik hört, verfällt ihrem Zauber.

Aus ihren Reihen wählte sich Glooscap einen Diener. Er hieß Marten und war wie Glooscaps jüngerer Bruder.

Danach machte Glooscap die Menschen. Er nahm seinen großen

Bogen und schoß Pfeile in die Stämme von Eschenbäumen. Aus den Stämmen traten Männer und Frauen hervor. Sie waren stark und schön mit hellbrauner Haut und glänzendem schwarzen Haar, und Glooscap nannte sie Abnaki, das bedeutet: jene, die dort wohnen, wo der Tag anbricht.

Mit der Zeit verließen die Abnaki die Insel und teilten sich auf in verschiedene Stämme, nämlich in die Micmac, die Malicet, die Penobscot und die Passamaquoddy, die im östlichen Waldland Kanadas leben und sich als Glooscaps Volk betrachten.

Als er sein Werk betrachtete, freute sich Glooscap. Er stieß ein Triumphgeheul aus, und davon bogen sich noch die höchsten Fichten wie Gras.

Er sagte den Leuten, daß er ihr Großer Häuptling sei und sie in Liebe und mit Gerechtigkeit regieren werden. Er lehrte sie Birkenkanus, Wigwams und Fischernetze herstellen. Er zeigte ihnen Pflanzen, die als Medizin taugten. Er nannte ihnen die Namen der Sterne, die ihre Brüder sind.

Dann wählte er aus ihrem Kreis eine ältere Frau, die nannte er Noogumee oder Großmutter, was bis heute ein Ausdruck ist, den die Indianer verwenden, wenn sie vor einer alten Frau ihre Hochachtung zum Ausdruck bringen wollen.

Noogumee wurde die Haushälterin des Großen Häuptlings.

Endlich schuf Glooscap aus Felsen und Ton auch noch die Tiere. Niko, das Eichhörnchen, Team, den Elch, Novin, den Bär, und noch viele andere.

Malsum war darüber eifersüchtig, weil er auch gerne etwas geschaffen hätte, aber er besaß nicht die Macht dazu. Er flüsterte daher einen bösen Zauberspruch über den Ton, der zu Boden gefallen war, als Glooscap die Tiere geformt hatte. So entstand ein seltsames Wesen, das keinem andern Tier ähnlich war, weder dem Biber noch dem Dachs, auch nicht dem Wolf. Es sah aus wie eine Mischung aus all diesen Tieren. »Es heißt Luchs!« rief Malsum triumphierend.

»So sei es«, sagte Glooscap, »soll der Luchs auch unter uns leben, wenn er sich nur friedfertig verhält.«

Er nahm sich aber vor, den Luchs im Auge zu behalten, denn er konnte in den Herzen der Wesen lesen und wußte, daß Malsum ihm Bosheit in sein Herz eingepflanzt hatte.

Nun hatte Glooscap die Tiere aber alle sehr groß gemacht. Die meisten von ihnen waren größer und stärker als die Menschen. Der Luchs sah darin sofort eine Gelegenheit, um Zwietracht zu stiften.

Er ging in seiner wölfischen Gestalt zu Team, dem Elch, und sprach bewundernd von dessen schönem Geweih, das bis in den Wipfel eines hohen Baumes reichte.

»Wenn du jemals einen Menschen triffst«, sagte der Luchs, »so beförderst du ihn mit deinem Geweih auf die Spitze der Welt.«

Nun war Team ein bißchen einfältig, also ging er zu Glooscap und sagte: »Bitte, Herr, verschaff mir einen Menschen, damit ich ihn mit meinem Geweih auf die Spitze der Welt befördere.«

»Dazu soll es nicht kommen!« rief Glooscap und berührte Team mit seiner Hand, und seither hat der Elch die Körpergröße, wie wir sie kennen.

Dann lief der Luchs in Gestalt eines Dachses zum Eichhörnchen und sagte: »Was für einen prächtigen Schwanz du hast. Damit kannst du gut und gern jede Hütte in einem Dorf zertrümmern.«

»Natürlich könnte ich das«, sagte das Eichhörnchen stolz und fegte mit seinem Schwanz den nächsten Wigwam einfach vom Erdboden fort.

Aber der Große Häuptling war in der Nähe. Er fing das Eichhörnchen ein, klopfte ihm mit der Hand auf den Rücken, und so bekam es seine heutige Gestalt und Größe.

»Von nun an«, sagte der Große Häuptling, »wirst auf Bäumen leben, und deinen buschigen Schwanz sollst du auf dem Rücken tragen.«

Als nächstes ging der Luchs in Bibergestalt zum Bären, der kaum größer war als er heute ist, aber einen dickeren Hals hatte.

»Bär«, sagte der Luchs schlau, »nimm mal an, du triffst einen Menschen. Was würdest du dann mit ihm machen?«

Der Bär kratzte sich am Kopf und dachte nach.

»Ihn auffressen«, sagte er schließlich mit einem Grinsen, »ja, das würde ich machen ... und ihn mit einem Haps hinunterschlucken.«

Kaum hatte er das gesagt, da spürte der Bär, wie sein Hals sich zusammenzog.

»Von nun an«, sagte Glooscap ernst, »wirst du nur kleine Wesen schlucken.« Und heute ist der Bär so groß wie damals, aber er frißt nur kleine Tiere, Fische und Beeren.

Nun war der Große Häuptling sehr erzürnt darüber, wie sich die

Tiere benahmen, und er fragte sich, ob er sie überhaupt hätte erschaffen sollen. Er rief sie zusammen und gab ihnen eine Verwarnung: »Ich habe euch dem Menschen gleich gemacht«, sagte er, »aber ihr wollt über ihn herrschen. Seid vorsichtig ... es könnte dahin kommen, daß er über euch Herrscher wird.«

Den Luchs kümmerte die Warnung überhaupt nicht. Er sann weiter darauf, wie er für Streit und Ärger sorgen könnte. Er wußte sehr wohl, daß Malsum eifersüchtig auf Glooscap war und sich wünschte, selbst Herrscher über die Indianer zu sein. Er wußte auch, daß beide Brüder magische Kräfte besaßen und einander nicht töten konnten, es sei denn auf eine ganz bestimmte Weise. Das war aber ein Geheimnis, das nur die Sterne wußten, denen sie beide völlig vertrauten. Jeder redete hin und wieder im Sternenlicht mit den Leuten des Himmels.

»Glücklicherweise weiß Malsum nicht«, sagte Glooscap den Sternen, »daß ich nur getötet werden kann durch einen Schlag mit blühenden Binsen.«

Und nicht weit entfernt prahlte Malsum gegenüber den Sternen: »Glooscap kann mir nichts anhaben. Ich kann nur durch die Wurzeln eines blühenden Farns getötet werden.«

Nun, der Luchs war hier in der Nähe und dort in der Nähe. Jedenfalls kam er hinter die Geheimnisse der beiden Männer. Er überlegte sich, wie er daraus Nutzen ziehen könnte, und als er sich den Plan zurechtgelegt hatte, sprang er zunächst zu Malsum und sagte mit einem wissenden Lächeln: »Was gibst du mir, Malsum, wenn ich dir Glooscaps Geheimnis verrate?«

»Alles, was du willst«, rief Malsum, »rasch ... sag es mir!«

»Nichts kann Glooscap verwunden außer blühenden Binsen«, sagte der Verräter, »nun gib mir ein Paar Flügel, damit ich fliegen kann wie die Taube.«

Aber Malsum lachte.

»Zu was braucht ein Luchs Flügel«, sagte er und stieß ihn beiseite und ging eilig auf die Suche nach blühenden Binsen. Der Luchs aber rappelte sich hoch und lief, so rasch er konnte zu Glooscap.

»Herr!« rief er, »Malsum kennt dein Geheimnis und hat vor, dich zu töten. Um dich zu schützen, sollst du wissen, daß man Malsum mit einer Farnwurzel töten kann.«

Glooscap griff nach der nächsten Farnwurzel – gerade noch rechtzeitig, denn schon stürmte sein Bruder Malsum heran und

stieß seinen Kriegsschrei aus. Und alle Tiere, die wütend auf Glooscap waren, weil er ihre Größe und Kraft vermindert hatte, jubelten Malsum zu, die Indianer aber fürchteten um ihren Großen Häuptling.
Glooscap stemmte sich gegen eine Klippe, und Malsum hielt im Lauf inne. Für einen Augenblick sahen sie sich ins Gesicht. Dann führte der wolfsköpfige Malsum einen Schlag gegen Glooscaps Kopf. Der aber sprang zur Seite. Jetzt benutzte der Große Häuptling seine Waffe. Zwar versuchte auch Malsum auszuweichen, aber vergebens. Die Farnwurzel drang in sein neidisches Herz, und er starb.
Die Indianer frohlockten, und die Tiere schlichen bedrückt von dannen. Nur der Luchs kam auf Glooscap zu und sagte: »Jetzt will ich eine Belohnung, Herr. Ich habe mir gedacht... ein paar Flügel wie die Taube.«
»Du treuloses Wesen«, rief Glooscap, denn er wußte sehr wohl, wer ihn verraten hatte, »so haben wir nicht gewettet. Mach dich davon!«
Und er warf dem davonlaufenden Luchs Stein um Stein nach. Als nun die Steine zu Boden fielen, verwandelten sie sich im Minas-Becken zu Inseln, und dort kann man sie heute noch sehen. Der verbannte Luchs trieb sich in der Welt umher bis zum heutigen Tage. Wo immer er hinkommt, versucht er die Menschen zu Bösem anzustiften.
Nun versammelte Glooscap sein Volk um sich und sprach: »Ich habe die Tiere geschaffen, damit sie die Freunde der Menschen sind, aber sie haben sich selbstsüchtig und verräterisch aufgeführt. Von nun an sollen sie die Diener des Menschen sein und dafür sorgen, daß die Menschen Nahrung und Kleider haben.«
Dann zeigte er den Menschen, wie man Bogen und Pfeil herstellt und wie man diese Waffe benutzt. Er zeigte den Frauen auch, wie man die Häute gerbt und aus ihnen Kleider näht.
»Jetzt habt ihr Macht selbst über die größten der wilden Tiere«, sagte er, »doch ich rate euch, nutzt diese Macht vorsichtig. Wenn ihr mehr Wild erlegt, als ihr für eure Nahrung braucht, wenn ihr aus bloßer Lust am Töten tötet, werdet ihr sehr bald von einem gnadenlosen Riesen besucht werden, der Hunger heißt, und wenn er sich zeigt, werden viele von euch sterben.«
Die Indianer versprachen, Glooscaps Mahnung zu beherzigen. Aber da sahen sie, daß Marten das Kanu seines Herrn zu Wasser

brachte und Noogumee Glooscaps Haushaltsgeräte und seine andern Habseligkeiten zum Kanu trug. Glooscap verließ sie.
»Ich muß jetzt an einem abgeschiedenen Ort wohnen«, sagte er zu ihnen, »einmal müßt ihr lernen, ohne meinen Rat und Beistand zu leben. Aber eines kann ich euch versprechen. Wenn ich auch weit von euch entfernt bin, wer mich braucht, wer ehrlich meinen Rat sucht, der wird mich auch zu finden wissen.«
Darauf stieg er in sein Kanu, stieß ab und fuhr fort.
Wohin er gereist ist, das blieb ein Geheimnis. Die einen sagen, er sei um die Südspitze von Nova Scotia davongefahren. Die anderen aber meinen, er sei nur ein Stück auf dem Wasser gerudert, sei dann wieder an Land gegangen und habe sich nach Westen hin davongemacht. Sicher ist: wer ihn heute finden will, der muß nicht nur einfallsreich sein, sondern auch beharrlich, ohne Angst und Bosheit.
Und damit: kespeadooksit, was bedeutet: Hier endet die Geschichte.

Wie Glooscap die Vögel erschuf

Einmal, vor langer Zeit, noch ehe die weißen Männer nach Kanada kamen, lebte dort ein böser Riese, und wo er sich zeigte, kamen mit ihm Kummer und Sorgen. Die Menschen nannten ihn Wolfswind.
Wo er geboren wurde, weiß niemand zu sagen, aber er war in der Höhle der Winde ganz weit oben im Norden daheim, im Nacht-Nachtland, und dort hielt er sich auch auf, wenn es schönes Wetter war, wenn die Sonne heiß schien und die See ruhig war und in jenen Nächten, in denen sich kein Blatt, keine Blume und kein Grashalm rührt. Aber wenn er sich zeigte, dann ächzten die großen Bäume vor lauter Furcht, und die kleinen Bäume zitterten, und die Blumen beugten ihre Köpfe nahe zur Erde, um ihm nicht ins Gesicht sehen zu müssen. Oft kam er ohne jegliche Warnung und ohne daß irgendein Anzeichen auf sein Kommen hingedeutet hätte. Dann legten sich die Stengel des Mais' und richteten sich nie wieder auf, riesige Bäume wurden im Wald von ihm zerschmettert, und die Blumen starben vor Angst und

Schrecken, die großen Wasser wurden weiß, stöhnten und schrien auf und drückten sich an die Felsen, nur um Wolfswind zu entkommen. Und in der dunklen Nacht, wenn Wolfswind heulte, hatten alle Geschöpfe große Angst.
Nun geschah es einst, daß Wolfswind in großer Wut war, und er zog aus, um alles zu töten oder zu verschlingen, was sich ihm in den Weg stellte. Zu dieser Zeit lebten viele Indianer nahe dem Meer. Die Männer und Frauen fischten, weit draußen auf hoher See. Die Fische brauchten sie als Nahrung für den Winter. Weit hinaus hatten sie sich mit ihren kleinen Kanus gewagt, denn die See war ruhig, und sie dachten an keine Gefahr. Die kleinen Kinder waren am Ufer allein zurückgeblieben. Plötzlich, kurz nach Sonnenuntergang, ohne ein warnendes Vorzeichen, zeigte sich Wolfswind und suchte nach Beute.
»Ich bin Wolfswind, der Riese«, brüllte er, »wage es niemand, sich mir in den Weg zu stellen, denn ich töte jeden, den ich treffe, und verschlinge ihn auf der Stelle.«
Als er nun weiterlief, wurde sein Zorn nur noch größer, er wühlte das Wasser auf in seiner Wut, während er auf die fischenden Indianer draußen auf See zueilte. Den Fischern blieb nicht Zeit, ihm zu entkommen oder ans Ufer zu paddeln. Der Riese fing sie, zerbrach ihre Boote und tötete sie alle. Die ganze Nacht über wütete er draußen auf dem Ozean, denn er suchte nach noch mehr Fischern, die er verderben wollte.
Am Morgen hatte sich sein Zorn immer noch nicht gelegt. Noch in der Ferne sah er die kleinen Kinder der Fischer an der Küste spielen. Er wußte, daß sie allein waren, denn er hatte ja ihre Mütter und Väter getötet. Er beschloß, sie zu fangen und auch ihnen den Garaus zu machen. Also rannte er auf sie zu, immer noch in großer Wut. Er sprang gegen das Land hin, brüllte, während er ausschritt, und peitschte in seinem Zorn das Wasser gegen die Felsen. Als er näher zum Strand kam, gröhlte er in seinem Zorn: »Wartet nur, euch will ich fangen und töten und auffressen, und eure Knochen sollen im Sand bleichen.«
Aber die Kinder hörten ihn, und sie rannten, so schnell sie konnten, und versteckten sich in einer Höhle zwischen den großen Felsen und rollten einen großen Stein vor den Eingang der Höhle, so daß Wolfswind nicht hineinkonnte. Einen ganzen Tag und eine ganze Nacht sprang er draußen unter wildem Geheul herum. Aber den Stein fortzurollen, dazu reichten seine

Kräfte nicht aus. Also ging er seines Weges, immer noch zornig und grollend, und dabei murmelte er: »Wartet nur, ich komme zurück, und dann fange ich euch schon. Ihr entkommt mir nicht.«

Die Kinder hatten Angst. Sie blieben, als Wolfswind fort war, noch lange in der Höhle. Denn in der Ferne hörten sie ihn immer noch im Wald grollen und gröhlen. Dann kamen sie hervor. Sie wußten, daß Wolfswind ihre Väter und Mütter draußen auf dem Meer getötet hatte. Sie rannten davon in den Wald, weil sie meinten, dort seien sie sicher. Sie zogen ins Weiden-Weidenland, und dort fanden sie eine angenehme Gegend mit Gras, Blumen und Bächen. Und zwischen dieser Gegend und dem Nordland, wo Wolfswind wohnte, wuchsen viele hohe Bäume mit dichten Blättern, und sie meinten, die würden sie vor dem Riesen beschützen.

Aber eines Tages erinnerte sich Wolfswind an seine Drohung und kam, um sie aufzuspüren. Er stampfte durch das Land und vernichtete alles, was sich ihm in den Weg stellte. Aber die Kinder konnte er doch nicht fangen. Die Bäume mit den dichten Blättern schützten sie. Die Kinder hörten wieder sein Heulen und Grollen fern in den Wäldern. Viele Tage lang im späten Sommer versuchte er die Kinder aufzuspüren, aber ihre Behausung war nahe der Bäume, und deren große Äste hingen darüber, und das dichte Blattwerk beschützte sie. Nur die Sonne, die aus dem Sommerblumenland im Süden kam, vermochte sie zu entdecken. Wenn nun auch Wolfswind alles versuchte, seine Drohung wahrzumachen, aber keinen Erfolg hatte, so wußte er doch sehr wohl, wo die Kinder sich befanden, und solange sie im Weiden-Weidenland lebten, waren sie sicher.

Wolfswind war wütender denn je, weil er nichts ausrichten konnte. Man muß nämlich wissen, daß er sehr gern kleine Kinder fraß. Er schwor, er wolle sich an den Bäumen rächen. Also machte er kehrt, rannte in sein Heimatland und brachte von dort einen anderen Riesen mit, der einen seltsamen und machtvollen Zauber kannte, den Zauber des Frostes. Und die beiden Riesen zusammen versuchten nun, die Bäume zu töten, die die Kinder gerettet hatten.

Aber über so viele Bäume hatten sie einfach keine Macht. Wenn sie zu ihnen kamen, lachten die Bäume nur, sie schwankten und quiekten und sagten: »Ihr könnt uns nichts tun, wir sind stark, denn wir kommen aus dem Nacht-Nachtland ganz oben im Norden, und deswegen vermag uns der Zauber des Frostes nicht zu verderben. Das waren die Kiefer und die Fichte, die Pinie und die Zeder. Aber an den anderen Bäumen nahm der Wolfswind Rache, wie er es geschworen hatte. Eines Nachts, als der Erntemond schien, kam er ohne Warnung und mit Hilfe des anderen Riesen, der den Zauber des Frosts besaß, vernichtete die Blätter, die ihn von den Kindern ferngehalten hatten und machte, daß sie abfielen. Ein Blatt nach dem anderen löste sich von den Zweigen, die Blätter der Buche und der Birke, der Eiche und des Ahorns, der Esche und der Weide. Einige fielen schnell, andere sanken langsam zu Boden, und es verging Zeit, ehe sie starben. Aber endlich standen die Bäume nackt und bloß da, und es herrschte Stille und Traurigkeit im Wald.

Der Wolfswind lachte und jagte durch die blattlosen Zweige, zusammen mit dem anderen Riesen aus dem Nacht-Nachtland. Und er sprach: »Jetzt bin ich erst einmal mit den Blättern fertig geworden. Wenn es mir nun gefällt, ist es eine Kleinigkeit, die Kinder zu vernichten.«

Aber die Kinder rückten näher an die starken widerstandsfähigen Bäume heran, die vor langer Zeit einmal aus dem Land weit oben im Norden eingewandert waren und über die der Zauber Frost keine Gewalt hatte. Und so waren sie vor den Riesen immer noch in Sicherheit.

Die Kinder waren sehr traurig, als ihnen klar wurde, was der Wolfswind ihren Freunden, den Bäumen, die sie beschützten, angetan hatte. Die Sommerfrau war schon, wie sie das immer tut, über die Regenbogenstraße fortgezogen ins Südland, in die Wildnis der Blumen. Es war einsam im Wald und still, nichts regte sich in den Bäumen, es gab keine Blätter, denn es war Herbst, und Wolfswind hatte sie alle vernichtet.

Endlich kam die Zeit heran, während der Glooscap auf der Erde regierte. Er war sehr mächtig in jenen Tagen und gab Jahr für Jahr den Kindern Geschenke. Er kam in das Land mit einem Schlitten, den seine Hunde zogen. Er wollte sich selbst umhören, was sich die Kinder denn wünschten. Und alle Kinder kamen und baten ihn um ein Geschenk.

Nun muß man wissen, daß damals in alter Zeit Glooscap große Macht auf Erden besaß. Er konnte eigentlich machen, was er wollte. Und die kleinen Kinder, die Wolfswind in seiner Wut hatte verderben wollen, kamen zu Glooscap, dem Zaubermeister der Gaben und Geschenke, und erzählten ihm, wie traurig sie seien, daß alle Blätter fort waren.

»Was wünscht ihr euch?« fragte Glooscap.

»Wir wünschen uns nichts für uns«, sagten die Kinder, »aber wir wünschen uns, daß die Blätter, die Wolfswind in seinem Zorn vernichtet hat, wieder zum Leben erweckt werden und wieder ihr altes Zuhause an den Bäumen bekommen.«

Glooscap schwieg lange. Er setzte sich und dachte nach, wie das so seine Art war, er sog an seiner großen Pfeife, denn er war ein leidenschaftlicher Raucher.

Nun gab es zu dieser Zeit auf Erden noch keine kleinen Waldvögel, denn Glooscap hatte sie noch nicht geschaffen. Es gab nur jene Vögel, die nahe dem Meer wohnen und über die Wolfswind keine Gewalt besaß – die Seemöve, den Kranich, die Wildente, den Haubentaucher, die Wildgans und den Brachvogel. Sie alle spotteten über den Zorn des Riesen, kreischten höhnisch, wenn sie vor ihm davonfliegen und sich verstecken mußten unter den Felsen oder im dichten Gras des Marschlandes. Und es gab freilich auch die großen Vögel, die mit den Menschen zusammenwohnten und ihnen Eier und Nahrung gaben: die Hühner, die Gänse, die Enten und den wilden Truthahn. Sie waren nützlich, aber sie waren nicht so schön anzusehen, sie watschelten umher, konnten weder fliegen noch süße Musik machen. Sie quakten und krächzten nur.

Glooscap aber beschloß, andere Vögel in die Welt zu setzen, nicht als Nahrung, sondern um die Kinder zu erfreuen in jener Zeit, wenn die Sommerfrau fort ist. Und farbiges Gefieder, so überlegte er sich, sollten sie haben, und angenehme Stimmen.

Als er nun lange schweigend geraucht hatte, kam ihm ein Einfall. Er sprach zu den Kindern, die ihn um ihr jährliches Geschenk gebeten hatten: »Die Blätter, die der Wolfswind von den Bäumen gerissen und vernichtet hat, kann ich euch nicht zurückbringen, dazu ist es zu spät. Aber ich will die abgerissenen Blätter nehmen und sie alle in kleine Vögel verwandeln. Und diese Vögel werden nie vergessen, wie sie geboren worden sind. Wenn der Herbst kommt, werden sie mit der Sommerfrau weit fortziehen ins Sonnenblumenland, aber im Frühjahr werden sie zurückkommen und ganz nahe bei den Blättern wohnen, von denen sie ja auch abstammen. Und die meisten sollen auf den Bäumen nisten unter den Blättern, und selbst jene, die ihre Nester im Gras bauen, sollen die Bäume gern haben und immer wieder zu ihnen hinfliegen. Und sie sollen sehr schöne Farben in ihrem Gefieder haben, so schöne Farben wie die Blätter, aus denen sie geboren wurden, und ich will es so einrichten, daß sie eine gewisse Zeit in der Luft verharren können wie ein Blatt, das da weht, und die Stimmen der Luft und das Geräusch von lachendem Wasser soll in ihren Kehlen sein, und sie sollen hübsche Lieder für die Kinder singen. Ich vertraue sie den Kindern an, daß ihnen nichts Böses widerfährt, denn die Blätter, aus denen sie hervorgingen, waren es ja auch, die die Kinder beschützt haben. Und den Bäumen, die Wolfswind hat kahl werden lassen, verleihe ich die Macht, wieder Blätter hervorzubringen, weil sie mit ihren Blättern die Kinder versteckten und bewahrten. Wenn die Sommerfrau aus der Wildnis der Blumen zurückkehrt, werden die Bäume nicht länger kahl dastehen. Und wenn der Wolfswind und der andere Riese, der über den Zauber des Frosts gebietet, sie auch noch häufig kahl machen werden, im Frühjahr wird es immer neue Blätter geben. Dem Wolfswind aber, der sich gar zu übermütig aufführt und zu frech, will ich einen Teil seiner Kraft nehmen, damit er den kleinen Kindern kein Leid mehr zufügen kann.«

Und Glooscap hob seinen Zauberstab, und sogleich flog eine Schar kleiner Vögel von dort auf, wo die Blätter auf dem Boden lagen, und sie zwitscherten und sangen und setzten sich auf die Äste der Bäume. Sie hatten Gefieder mit so bunten Farben wie die der Blätter. Es gab ein Rotkehlchen und einen Distelfink, Meisen, einen Kolibri, gelb, grün und braun, und sie alle leuchteten im Sonnenlicht und flogen umher und sangen und zwitscherten dabei, und die Kinder waren sehr glücklich.

Dann schickte Glooscap die kleinen Vögel alle fort in ein warmes Land, bis die Herrschaft des Riesen vom Frost aus dem Nacht-Nachtland vorbei war, denn es war Winter im ganzen Land, und es war sehr kalt. Aber im Frühling kamen die kleinen Vögel zurück aus dem Sonnenblumenland. Und sie bauten ihre Nester in den Bäumen, so nahe den Blättern wie nur möglich, denn von diesen stammten sie ja her. Und bei Tagesanbruch weckten sie die Kinder auf, und wenn der Tag zu Ende war, sangen sie die Kinder in den Schlaf. Denn sie haben nicht vergessen, daß sie Glooscaps Geschenk an die Kinder sind und daß sie geschaffen wurden, als Wolfswind alle Blätter von den Bäumen riß, weil die Blätter die kleinen Kinder davor bewahrt hatten, daß er sie vernichtete ... vor langer, langer Zeit.

Glooscap und seine vier Besucher

Die Missionare zeichneten diese Geschichte von den Indianern auf. Sie ist eine Parabel, deren Bedeutung in verschiedener Weise ausgelegt werden kann.

Bald nachdem Glooscap die Indianer verlassen hatte, beschlossen vier Männer, ihn suchen zu gehen. Sie wußten nicht, wo er war, aber sie wußten, daß er immer von jenen gefunden werden kann, die ihn eifrig suchen. Viele Sonnen und Monde reisten sie. Sie brachen im Frühling auf und suchten fort bis zur Mitte des Sommers im nächsten Jahr.

Dann fanden sie einen schmalen Pfad im Wald, der gezeichnet war von verbrannten Bäumen, sie kamen an einen schönen Fluß und dann an einen wunderschönen See, und bald standen sie auf einer Art Landspitze, die weit ins Wasser hinausragte. Dort stießen sie auf einen Hügel und schauten von oben herab. Da sahen sie, daß Rauch durch die Kronen der Bäume aufstieg. Sehr bald kamen die Männer an ein großes, wohlgefügtes Wigwam.

Sie traten ein, und da waren zwei Leute. Zur Rechten saß ein Mann in mittleren Jahren und zur Linken eine sehr alte Frau, die aussah, als sei sie über hundert Jahre alt. Gegenüber der Tür lag eine dritte Matte, so als sitze dort gewöhnlich noch eine weitere Person. Der Mann in dem Wigwam hieß die vier Besucher herzlich willkommen und bat sie, sich zu setzen. Aber die Fragen, die man sonst bei dieser Gelegenheit stellt, nämlich woher sie kämen und wohin sie gingen, die stellte er nicht.

Nach einer Weile hörten sie die Geräusche eines sich nähernden Kanus und dann Schritte. Bald darauf betrat ein junger Mann den Wigwam, gut gekleidet und groß gewachsen. Die Waffen, die er bei sich trug, ließen erkennen, daß er auf Jagd gewesen war, und der Frau sagte er, er habe Wild heimgebracht.

Die alte Frau, schwach und zittrig, brachte unter größten Schwierigkeiten vier oder fünf Biber herein und machte sich daran, sie fürs Kochen herzurichten. Aber da sie so schwach war, nahm der junge Mann schließlich das Messer selbst in die Hand und richtete die Braten her. Innerhalb kürzester Zeit konnte er seinen hungrigen Gästen eine Portion gekochtes Fleisch vorsetzen.

Sieben Tage lang wurden die Männer gastfreundlich bewirtet, während sie sich von der langen Reise ausruhten. Die Gastgeber schienen die abgerissenen Kleider, die sie trugen, und unter denen da und dort ihre Haut hervorschaute, nicht weiter zu beachten.
Eines Morgens forderte der Mann mittleren Alters den jungen auf, der Mutter das Gesicht zu waschen. Kaum hatte er das getan, da verschwanden all ihre Runzeln, und sie wurde schön. Ihr weißes Haar wurde schwarz und glänzend, und plötzlich trug sie ein schönes Kleid. Statt wie zuvor schwach und gebeugt einherzugehen, schien sie nun jung, kräftig und hielt sich ganz gerade.
Die vier Besucher waren darüber nicht wenig erstaunt. Sie wußten jetzt, daß, wer ihr junger Gastgeber auch sein mochte, er übernatürliche Kräfte besaß. Freudig machten sie von der Einladung Gebrauch, sich im Land um den Wigwam umzuschauen. Schönheit war überall. Hohe Bäume mit reichem Blattwerk und duftenden Blüten standen in langen Reihen, aber doch so weit auseinander, daß die Männer in jeder Himmelsrichtung weithin sehen konnten. Die Luft roch süß und würzig. Alles schien gesund, entspannt und glücklich.
Nachdem sie sich alles eine Weile betrachtet hatten, fragte ihr Gastgeber und Führer sie: »Wo kommt ihr her, und warum seid ihr hier?«
»Wir suchen Glooscap.«
»Ich bin Glooscap«, antwortete er, »was kann ich für euch tun?«
»Ich bin ein böser Mann«, sagte der eine, »ich habe ein häßliches Temperament. Ich wünschte mir, ruhig und gelassen zu werden.«
»In Ordnung«, sagte Glooscap, »dein Wunsch soll dir erfüllt werden.«
»Ich bin arm«, sagte der zweite Mann, »es fällt mir schwer, für meinen Lebensunterhalt aufzukommen. Ich wünsche mir, reich zu sein.«
»In Ordnung«, sagte Glooscap, »dein Wunsch wird dir erfüllt werden.«
»Ich werde bei meinem Volk verachtet«, sagte der dritte Mann, »ich wünsche mir, ich würde geliebt und besäße Ansehen.«
»Auch dein Wunsch soll erfüllt werden.«
»Ich wünsche mir langes Leben«, sagte der vierte Mann.

»Was du dir gewünscht hast, ist schwierig«, sagte Glooscap, »aber ich will sehen, was ich für dich tun kann.«
Am nächsten Tag bereiteten die drei in ihrem Wigwam viele Gerichte zu, und alle vier Männer nahmen ein Festessen zu sich, ehe sie sich auf den Heimweg machten. Dann führte Glooscap sie auf einen Hügel hinauf, der hoch und schwer zu ersteigen war. Der Boden war felsig, und es wuchs dort nichts. Auf der Spitze des Hügels, wo die Sonne vom Morgen bis in die Nacht hinein schien, hieß Glooscap die Männer stehenbleiben. Dann trat er zu dem einen hin, der sich gewünscht hatte, lange zu leben, faßte ihn um die Hüften, hob ihn vom Boden auf und setzte ihn wieder ab. Glooscap drehte ihn ein-, zweimal um die eigene Achse, während er seine Arme hob und dann die gefalteten Hände über dem Kopf des Mannes bewegte. Auf diese Weise wurde der Besucher in einen alten, knorrigen Zedernbaum verwandelt, mit Ästen, die ausschlugen, rauh und häßlich von der Wurzel bis zur Spitze.
»Da!« rief Glooscap, »ich weiß nicht genau, wieviele Jahre du leben wirst, aber ich denke, man wird dich für lange Zeit nicht stören. Du bist für niemanden von Nutzen, noch hat das Land um dich herum irgendwelchen Wert. Ich glaube, du wirst sehr alt werden.«
Die drei andern Männer erstarrten vor Schreck. Sie trauerten nicht nur um den Verlust des Gefährten, sie fragten sich auch ängstlich, wie Glooscap nun ihre Bitten erfüllen werde.
Aber bald legte sich ihre Furcht. Er führte sie zurück in seine Hütte, nahm drei kleine Schachteln aus seinem Medizinbeutel und gab jedem der drei Männer eine. Dann sagte er ihnen, sie sollten ihre alten Kleider ablegen und die neuen anziehen, die er für sie bereit gelegt hatte. Jedes der Kleider war sorgfältig gearbeitet und reich verziert.
Obwohl sie nun begierig waren, heimzukommen, fürchteten sich doch die drei Männer vor der langen Reise, zu der sie den ganzen Sommer, einen Winter und einen halben zweiten Sommer gebraucht hatten. Aber Glooscap selbst bot sich ihnen als Führer an. Zeitig am nächsten Morgen legte er seinen Gürtel an und brach auf, gefolgt von den dreien.
Als etwa die Hälfte des Vormittags herum war, erreichten sie die Spitze eines hohen Gebirges, von der aus sie ein anderes hohes Gebirge in blauer Weite sehen konnten. »Es wird sieben Sonnen dauern, bis wir dieses Gebirge erreichen«, sprachen die Männer zueinander.

Glooscap antwortete nicht, sondern ging weiter. Sehr zum Erstaunen der drei Männer erreichten sie das zweite Gebirge schon, als etwa die Hälfte des Nachmittags herum war.
»Jetzt schaut euch einmal um«, sagte Glooscap.
Alles, was unter ihnen lag, kam ihnen so vertraut vor. Sie sahen die Hügel, die Wälder, die Seen und Flüsse des Landes, aus dem sie stammten.
»Dort ist euer Dorf«, sagte Glooscap.
Und dann verließ er sie. Vor Sonnenuntergang noch waren sie daheim.
Zuerst erkannte sie keiner, weil sie schöne neue Kleider trugen. Als sie erklärten, wer sie seien, drängten sich die Leute des Dorfes um sie. Männer, Frauen und Kinder hörten voller Erstaunen ihre Abenteuer an.
Als sie nun mit ihrer Geschichte zu Ende waren, öffneten sie die Schachteln. Glooscap hatte ihnen das Versprechen abgenommen, nicht hineinzuschauen, ehe sie nicht heimgekehrt seien. In jeder befand sich eine zauberkräftige Salbe, die sie auf ihre Körper strichen.
Sofort gingen ihre Wünsche in Erfüllung. Der Mann, den die andern nicht hatten ausstehen können, war plötzlich umgänglich, seine Haut duftete von Glooscaps Salbe. Die andern suchten seine Nähe, und er wurde sehr beliebt.
Der Mann, der so arm gewesen war, wurde ein erfolgreicher Jäger und brachte stets Wild in Hülle und Fülle mit heim.
Der dritte schließlich, der von sich gesagt hatte, er habe ein schlechtes Temperament, wurde ein rechtschaffener Mann, ruhig, ausgeglichen, überlegen.
Sie waren Glooscap begegnet, und wer Glooscap begegnet, dessen Wünsche werden erfüllt.

Manabozos Geburt

Am Anfang war eine einsame alte Frau, die lebte auf dieser Insel. Niemand weiß, woher sie gekommen ist, aber es ist wahr, daß sie in einem Wigwam mit ihrer einzigen Tochter lebte.
Wilde Kartoffeln waren die einzige Nahrung der beiden Frauen.

Jeden Tag nahm die alte Frau eine hölzerne Hacke und ging hinaus, um Kartoffeln zu ernten. Sie brachte sie heim und trocknete sie in der Sonne, denn in jenen Tagen gab es noch kein Feuer in diesem Teil der Welt.
Eines Tages bat die Tochter, sie möge sie doch mitnehmen. »Mutter, laß mich mitgehen und dir helfen. Zu zweit können wir mehr Kartoffeln ernten als du allein.«
»Nein, meine Tochter, du bleibst hier«, sagte die alte Frau, »ich will nicht, daß du mitkommst. Dein Platz ist daheim. Deine Aufgabe ist es, die Hütte in Ordnung zu halten.«
»Ach, es ist so langweilig, hier den ganzen Tag in der Hütte allein zu sein«, sagte das Mädchen, »es ist so einsam, wenn du fort bist. Viel lieber würde ich mit dir kommen. Wir haben doch noch eine zweite alte Hacke, die ich benutzen könnte. Bitte, laß mich doch mitgehen.«
Schließlich gab die alte Frau nach. Sie nahmen jede eine Hacke und gingen aufs Feld. Nach einem kurzen Weg kamen sie in eine feuchte Schlucht.
»Hier ist der Ort, an dem ich immer nach Kartoffeln grabe«, rief die Mutter, »du kannst hier auch graben. Aber eines sage ich dir: Schau immer nach Süden. Paß auf, daß du das nicht vergißt. Ich habe solche Angst, daß du irgendwann einmal nicht darauf achten könntest, deswegen habe ich dich nie mitgenommen.«
»Ach, wenn das alles ist«, sagte die Tochter, »das will ich mir wohl merken.«
»Also gut«, sagte die Mutter, »dann sammle du hier die Kartoffeln ein, und ich grabe dort drüben.«
Das Mädchen begann mit der Arbeit, und diese Beschäftigung gefiel ihr.
»Ach, es ist schön, Kartoffeln zu suchen«, sagte sie, und so sprach sie weiter und weiter mit ihrer Mutter, während sie arbeitete.
Nach einiger Zeit nun aber vergaß die Tochter, was die Mutter ihr eingeschärft hatte, und sie wandte, während sie den Boden aufhackte, ihr Gesicht in die entgegengesetzte Richtung.
Sofort hörte man ein Rauschen; ein sausendes Geräusch kam vom Himmel, ein Wind fuhr auf die Stelle herab, an der sie stand, und wirbelte sie herum.
»O Mutter, Mutter, hilf mir, schnell!« schrie das Mädchen.
Die Mutter ließ alles stehen und liegen und sprang ihr bei.

»Faß mich am Rücken und halt mich fest«, rief das Mädchen voller Angst und Schrecken.
Die alte Frau hielt sie mit einer Hand fest, während sie sich mit der andern Hand an die Zweige eines Strauches klammerte.
»Halt mich, so fest du kannst«, stöhnte das Mädchen.
»Nun siehst du, warum ich wollte, daß du daheim bleibst. Das ist die Strafe für deinen Ungehorsam«, rief die Alte.
»Ach«, sagte das Mädchen, »es tut weh und ist doch auch angenehm. Wie eine Strafe ist es eigentlich doch nicht.«
Plötzlich hörte der Wind auf. Die Luft war wieder ruhig, als sei nichts geschehen. Die beiden Frauen sammelten rasch ihre Kartoffeln ein und rannten nach Hause. Danach arbeitete die alte Frau wieder allein auf dem Feld. Alles schien in Ordnung, aber eines Tages klagte die Tochter: »Ich fühle mich so seltsam, so anders als sonst, Mutter, es ist, als ob etwas in mir wäre.«
Die alte Frau sah das Mädchen prüfend an, antwortete aber nicht, denn sie wußte, daß ihre Tochter schwanger war.
Schließlich brachte sie sie zu Bett, und die Tochter gebar drei Kinder. Das erste Kind war Manabozo, das zweite war ein kleiner Wolf, Muh'wäse, aber das letzte war ein scharfer Feuerstein. Als die unglückliche Mutter den Stein hervorpreßte, schnitt er so tief in ihren Leib, daß sie an der Wunde starb.
Die alte Frau trauerte um ihre Tochter. In ihrem Schmerz und ihrer Trauer warf sie den Feuerstein fort, aber Manabozo und Muh'wäse zog sie auf und sorgte für sie, bis sie herangewachsen waren.

Manabozos Wolfsbruder

Als Manabozo all jene Arbeiten verrichtet hatte, um deretwillen Kishä'Ma'nido ihn herab auf die Erde geschickt hatte, ging er weit fort und baute sich ein Wigwam am Nordostufer eines großen Sees. Als er dort so allein war, beschlossen die guten himmlischen Wesen, ihm als Gefährten einen Zwillingsbruder zu geben, den sie zum Leben erweckten und Naq'pote, was soviel heißt wie »der Mann, der gut trifft«, nannten.
Er hatte die Gestalt eines menschlichen Wesens, aber da er von den himmlischen Wesen abstammte, konnte er sich in einen

Wolf verwandeln, und in dieser Gestalt jagte er nach Nahrung. Manabozo wußte um den Zorn der bösen Geister, die unter der Erde wohnen, und er warnte seinen Bruder, den Wolf, nie über den See zu kommen, sondern immer entlang der Küste.
Einmal aber, nachdem der Wolf den ganzen Tag auf der Jagd gewesen war, befand er sich genau gegenüber dem Wigwam auf der andern Seite des Sees, der zugefroren war. Er dachte wohl an die Warnung Manabozos, aber dennoch beschloß er, den kurzen Weg über den See zu nehmen. Er war noch nicht einmal auf halbem Wege, als das Eis barst und die bösen Geister ihn ergriffen und ihn in die Tiefe zerrten.
Manabozo wußte natürlich sofort, was mit seinem Bruder geschehen war, und er trauerte um ihn vier Tage.
Jedesmal, wenn Manabozo stöhnte, zitterte die Erde, und so entstanden Hügel und Bergketten.
Dann erschien der Schatten Naq'potes, des Wolfes, vor Manabozo, und als dieser erkannte, daß er seinen Bruder nicht würde wieder zum Leben erwecken können, riet er ihm, dem Pfad der untergehenden Sonne zu folgen und Häuptling der Schatten in der Welt des Danach zu werden, wo alle sich wieder treffen.
Manabozo errichtete dann einen großen Fels nahe Mackinaw. Dort besuchten seine Verwandten, die Menschen, viele Jahre lang Manabozo, und immer bauten sie eine lange Hütte, mitä'wiko'mik geheißen, wo sie sangen. Wenn Manabozo nicht in menschlicher Gestalt erscheinen wollte, nahm er das Aussehen eines kleinen weißen Kaninchens an, und die Ohren des Kaninchens zitterten. Sie gingen ganz rasch wie bei keinem anderen weißen Kaninchen, und daran konnte man erkennen, daß es Manabozo war.

Manabozo spielt Lacrosse

Lacrosse hat man sich als eine Art Hockeyspiel vorzustellen. Ein kleiner Ball aus Wildleder wird mit Schlagstöcken, die eine entfernte Ähnlichkeit mit den heutigen Hockeyschlägern haben, von zwei Mannschaften zu jeweils sechs oder acht Spielern auf zwei Tore gespielt. Der Ball durfte weder mit der Hand noch mit dem Fuß berührt werden, sondern nur mit dem Gä'ne-Ä, wie der irokesische Name für den Schläger lautete. La Farge schreibt über dieses Spiel: »Auch so, wie es heute gespielt wird, mit Mannschaften, Spielregeln und Schiedsrichtern, ist es kein Spiel für Weichlinge. In seiner ursprünglichen rauhen Form, mit der ganzen mannbaren Jungmannschaft eines Stammes als Mitspieler, bot es eine wunderbare Gelegenheit, sich im besten Einvernehmen und ohne bittere Gefühle Glieder und Genick zu brechen.«

Es geschah nun einst, daß die Wesen im Himmel die Wesen der Unterwelt zu einem großen Lacrosse-Spiel herausforderten. Die Wesen der Unterwelt waren nicht faul und nahmen die Herausforderung an. Die Tore wurden aufgestellt, eins bei Detroit und das andere bei Chicago. Der Mittelpunkt des Spielfeldes befand sich an einer Stelle, die Ke'sosasit (die Stelle, an der die Sonne auf den Felsen fällt) heißt und nahe Sturgeon Bay am Michigan See liegt. Die Himmelswesen riefen ihre Diener, die Donnerer, die Adler, die Gänse, die Enten, die Tauben und alles Getier der Luft herbei, um für sie zu spielen, und der große, weiße Bär, der unter der Erde wohnt, rief die Fische, die Schlangen, die Otter, das Reh und alle Tiere, die auf dem Feld leben, zusammen.
Alles wurde abgesprochen und die Spieler der beiden Mannschaften bestimmt.
Da kam Manabozo des Weges. Während er so daherschlenderte, hörte er in einiger Entfernung jemanden vorbeirennen und brüllen, so laut er konnte. Neugierig, was da los sei, ging Manabozo zu der Stelle hin, von der das Geräusch zu ihm gedrungen war. Dort fand er einen lustigen kleinen Burschen, der aussah wie ein winziger Indianer, und es war niemand anderes als Nakuti, der Sonnenfisch. »Was, bei der Erde, ist denn mit dir los?« fragte Manabozo.
»Hast du denn nichts gehört?« fragte der Sonnenfisch erstaunt, »morgen gibt es ein großes Spiel. Die Fische und die Tiere des Feldes treten an gegen die Donnervögel und alles, was Flügel hat.«
»Oho«, sagte Manabozo, und der einfache Sonnenfisch machte sich davon und kreischte vor Vergnügen.
»Nun ja«, sagte Manabozo, »dieses Spiel muß ich mir anschauen, auch wenn mich keiner eingeladen hat.«
Die Häuptlinge der Unterwelt verließen ihre Wohnstätten im Wasser und stiegen auf ein hohes Gebirge, von dem aus sie das

ganze Spielfeld überschauen konnten. Und nachdem sie diesen Platz ausgewählt hatten, kehrten sie wieder um.
Manabozo entdeckte bald ihre Spuren und folgte ihnen zu jener Stelle, die sie ausgewählt hatten.
Am anderen Morgen vor Tagesanbruch ging er wieder zu der Stelle, und durch seine Zauberkraft verwandelte er sich in eine Fichte, die an einer Seite angesengt war. Bei Morgengrauen hörte er einen großen Lärm. Von überallher erschollen die Anfeuerungsrufe.
Die Anhänger der einen Partei riefen: »Hau! Hau! Hau.«
Die andern brüllten: »Hoo! Hoo! Hoo!«
Dann erschienen das Reh, die Wildkatze, der Otter und all die Landwesen und die Fische in menschlicher Gestalt. Sie liefen zu ihrer Seite des Spielfeldes und nahmen dort Aufstellung. Für einen Augenblick trat Stille ein. Plötzlich wurde der Himmel dunkel, und der Schlag von vielen Flügeln klang wie ein donnerndes Geratter, auf das Pfiffe, Rufe, Schreie, Kreischen, Gackern und Tschilpen folgten. Dann kamen der Donner herab, die goldenen Adler, die kahlen Adler, die Bussarde, die Falken, Eulen, Tauben, Gänse und Enten und all die andern Vögel nahmen in dem anderen Teil des Spielfeldes Aufstellung.
Wieder wurde es still. Die Spieler nahmen jetzt ihre Positionen ein, die Schwächsten nahe der Tore, die Stärksten in der Mitte des Feldes. Irgend jemand warf den Ball in die Luft, und ein Kampfgetümmel entstand. Hin und her jagten die Spieler. Mal gewann diese, dann wieder jene Mannschaft an Boden.
Schließlich hieb die eine Mannschaft den Ball durch die Reihen des Gegners, und die Spieler rasten auf das Chicago-Tor zu. Manabozo mußte sich anstrengen, so schnell ging jetzt alles. Der Ball war jetzt fast im Tor, die Torhüter sprangen heraus, und was in diesem Gewühl von Schlägern, Armen und Beinen inmitten einer Staubwolke geschah, vermochte er nicht zu erkennen.
In seiner Aufregung vergaß er einen Augenblick, wer er war und verwandelte sich zurück in seine menschliche Gestalt.
Als er nun als Mensch dastand, kam er wieder zu sich, er sah sich um und bemerkte, daß die Zuschauer ihn noch nicht entdeckt hatten. Überwältigt von Rachlust nahm er seinen Bogen (er trug ihn immer bei sich!) und schoß zwei Pfeile auf die Götter der Unterwelt ab, die auf dem Bergrücken saßen. Die Götter sprangen auf, rannten zum Wasser, stolperten und kugelten den

Berghang hinab. Als sie in den See eintauchten, gab es eine Flutwelle, die übers Ufer schwappte und bis zum Chicago-Tor lief. Einige Spieler sahen sie kommen und flüchteten sich in die Baumwipfel.

»Manabozo! Manabozo!« riefen sie keuchend vor Angst.

Sofort rannten alle Spieler zur Mitte des Feldes zurück um zu schauen.

»Was ist denn los?« fragte jeder jeden.

»Nun, das muß Manabozo sein. Ihm haben wir das zu verdanken. Wer sonst würde es wagen, die göttlichen Wesen, die unter der Erde wohnen, anzugreifen?«

Als die aufgeregten Spieler die Mitte des Feldes erreicht hatten, sahen sie, daß der Schuldige inzwischen verschwunden war.

»Kommt, wir wollen alle nach Manabozo suchen«, rief einer.

»Wir werden die Macht des Wassers zu unserem Führer wählen.«

Also wateten die Spieler alle ins Wasser. Das Wasser aber stieg und schlug über ihren Köpfen zusammen. Das Wasser wußte sehr genau, wohin Manabozo gelaufen war.

Inzwischen rannte Manabozo fort, so schnell er konnte, denn er fürchtete die Folgen seiner unbeherrschten Verhaltensweise. Als er sich einmal umschaute, sah er, daß das Wasser hinter ihm herkam. Er lief schneller und schneller, es verfolgte ihn aber immer noch. Er zwang sich, so schnell zu rennen, wie er nur irgend konnte. Das Wasser holte auf. Weiter und weiter ging die Jagd.

»O weh«, murmelte Manabozo, während er flüchtete, »ich fürchte, das Wasser wird mich einholen.«

Da sah er vor sich einen hohen Berg, auf dessen Gipfel eine Fichte stand.

»Ich glaube, dort sollte ich um Hilfe fragen«, sagte Manabozo bei sich. Also rannte er den Hang hinauf, aber das Wasser blieb ihm auf den Fersen.

»He'e! Nase! Oh, mein kleiner Bruder«, keuchte Manabozo, »so hilf mir doch! Rette mich vor dem Wasser. Ja, dich meine ich, Fichtenbaum.«

»Wie kann ich dir helfen?« fragte die Fichte unschlüssig.

»Du kannst mich an deinem Stamm hinaufklettern lassen, und immer, wenn ich den Wipfel erreicht habe, wächst du noch einmal eine Länge«, rief Manabozo, der das Wasser hinter sich gurgeln hörte.

»Aber soviel Kraft habe ich nicht«, sagte der Baum, »ich kann nur vier Längen wachsen.«
»Ach, das reicht schon«, sagte Manabozo, »in der Not ist man schon mit wenig zufrieden.«
Und er kletterte am Stamm in die Höhe, während das Wasser nur ein paar Zentimeter unter seinen Fußsohlen stand.
Manabozo kletterte, aber das Wasser folgte ihm.
Er erreichte die Spitze des Baumes.
»Streck dich, kleiner Bruder«, bat er. Die Fichte schoß einmal um ihre ganze Länge in die Höhe. Manabozo kletterte weiter. Wieder hatte ihn das Wasser fast eingeholt.
»O mein kleiner Bruder, bitte, strecke dich!« rief er abermals.
Auf schoß die Fichte, und weiter kletterte Manabozo, weiter stieg das Wasser.
Wieder erreichte er die Spitze des Baumes, und das Wasser hatte ihn fast eingeholt.
»Streck dich noch einmal, kleiner Bruder. Nur noch eine Länge, ich bitte dich sehr«, flehte Manabozo.
Noch einmal wuchs der Baum um eine Länge. Manabozo kletterte bis in den Wipfel, und das Wasser folgte. Dann stieg das Wasser nicht mehr. Manabozo klammerte sich, so fest er konnte, an den Stamm. Er ängstigte sich fast zu Tode. Das Wasser aber stieg nicht mehr, im Gegenteil, es fiel. Er war gerettet.

MEDIZINGESCHICHTEN

Der Ursprung der Geschichten

In einem Senecadorf lebte vor langer Zeit ein Junge, dessen Vater und dessen Mutter gestorben waren, als er erst ein paar Wochen alt gewesen war. Um den kleinen Jungen kümmerte sich eine Frau, die seine Eltern gekannt hatte. Sie gab ihm einen Namen, der »Waisenjunge« bedeutete.

Der Junge war ein gesunder kleiner Kerl. Und als er alt genug war, gab ihm seine Ziehmutter einen Bogen und einige Pfeile und sprach: »Nun ist es Zeit, daß du lernst zu jagen. Geh morgen in den Wald und töte alle wilden Vögel, die dir zu Gesicht kommen.«

Dann nahm die Frau einen Maiskolben, kratzte die Körner ab und röstete sie in der heißen Asche. Am nächsten Morgen gab sie dem Jungen etwas von dem Mais, rollte ihn in ein Stück buckskin und sagte ihm, er solle das mitnehmen. »Du wirst den ganzen Tag fort sein«, sagte sie, »und du wirst hungrig werden.«

Der Waisenjunge brach auf und fand bald viel Wild.
Als er auf dem Heimweg war, trug er eine ganze Schnur voll erlegter Vögel über der Schulter.
Am nächsten Morgen, als er frühstückte, sprach seine Ziehmutter zu ihm: »Du mußt dich tüchtig anstrengen auf der Jagd, denn wenn du ein guter Jäger wirst, wird es dir immer gut gehen.«
Jeden Tag ging nun der Waisenjunge fort, und immer trug er das Päckchen mit dem gerösteten Mais bei sich. Jeden Tag brachte er mehr Jagdbeute heim. Und am neunten Tag schoß er so viele Vögel, daß er sie nur mit Mühe heimschleppen konnte. Seine Mutter machte darauf Bündel von drei oder vier Vögeln und verteilte diese unter die Nachbarn als Geschenke.
Auch am zehnten Tag brach der Junge auf wie gewöhnlich. Er wagte sich tiefer in den Wald hinein als jemals zuvor. Gegen Mittag löste sich die Sehne, mit der die Federn an seinem Pfeil befestigt waren. Er sah sich nach einer Stelle um, an der er sich niedersetzen konnte, während er die Sehne abwickelte und neu befestigte. Da bemerkte er eine kleine Öffnung, und daneben befand sich ein hoher, weicher, flacher Rundstein. Er ging zu dem Stein hin, kletterte hinauf und setzte sich dort hin. Er wickelte die Sehne ab und steckte sie in den Mund, um sie weich zu machen.
Aber als er sie dann wieder um die Pfeilfedern wickeln wollte, hörte er eine Stimme nahe neben sich fragen: »Soll ich dir eine Geschichte erzählen?«
Der Waisenjunge sah auf und erwartete, er werde da einen Mann sehen. Er sah aber niemanden. Er schaute hinter den Stein. Niemand. Er schaute vor den Stein. Nichts. Er machte sich daran, die Federn zu befestigen.
»Soll ich dir eine Geschichte erzählen?« fragte eine Stimme neben ihm.
Der Junge sah sich überall um, und wiederum sah er niemanden. Da entschloß er sich, aufzupassen und herauszufinden, wer ihn da an der Nase herumführte. Er hielt in seiner Arbeit inne, und als die Stimme abermals fragte: »Soll ich dir eine Geschichte erzählen?« stellte er fest, daß sie aus dem Stein kam.
Da fragte er: »Was ist das? Was bedeutet das: Geschichten erzählen?«
»Das bedeutet einfach, zu erzählen von dem, was lange Zeit zurückliegt. Wenn du mir die Vögel gibst, erzähle ich dir Geschichten.«

»Die Vögel kannst du haben.«
Sofort begann der Stein zu erzählen, was vor langer Zeit geschehen war. Und kaum hatte er eine Geschichte beendet, da fing er auch schon wieder mit der nächsten an. Der Junge saß mit gesenktem Kopf da und hörte zu.
Gegen Abend sagte der Stein: »Jetzt wollen wir uns ausruhen. Komm morgen wieder.
Wenn sich jemand wundern sollte, daß du keine Vögel geschossen hast, sag einfach, du hättest wohl in den letzten Tagen zu viele geschossen, sie seien selten geworden und du hättest einen langen Weg gehen müssen.«
Am nächsten Morgen brach der Waisenjunge wieder mit Pfeil und Bogen und einem kleinen Päckchen mit geröstetem Mais auf, aber er vergaß völlig, daß er hätte Vögel jagen sollen. Er dachte nur an die Geschichten, die ihm der Stein erzählt hatte. Aber als er gerade einen Vogel sah, schoß er ihn, ging jedoch eilig weiter zu der Stelle, an der der Stein stand.
Als er dorthin kam legte er seinen Vogel auf den Stein und rief: »Ich bin da! Hier ist ein Vogel. Jetzt will ich aber Geschichten hören.«
Der Stein erzählte Geschichte um Geschichte. Gegen Abend sagte er: »Jetzt wollen wir uns mal ausruhen bis morgen.«
Auf dem Heimweg sah sich der Junge nach Vögeln um, aber es war zu spät geworden, und er fand nur wenige.
An diesem Abend erzählte die Mutter den Nachbarn, daß der Waisenjunge am Anfang immer viele Vögel von der Jagd mit heimgebracht habe. »Aber nun«, fuhr sie fort, »bringt er nur fünf oder sechs, nachdem er bis in die Nacht hinein im Wald umhergeirrt ist. Das kommt mir seltsam vor. Entweder wirft er seine Beute fort, oder er gibt sie irgendeinem Tier. Vielleicht ist er auch nur faul und jagt überhaupt nicht.«
Sie warb einen andern Jungen an, der folgte dem Waisenjungen, ohne daß der es merkte.
Der Waisenjunge tötete eine ganze Menge Vögel, dann aber, als der Vormittag etwa zur Hälfte um war, brach er plötzlich nach Osten hin auf und rannte so schnell wie er nur irgend konnte. Der Junge folgte ihm, bis sie an den großen runden Stein kamen, auf den sich der Junge hinsetzte. Der Junge, den die Mutter angeworben hatte, kroch näher. Er hörte, wie jemand redete.
Als er nicht erkennen konnte, mit wem der Waisenjunge da

sprach, ging er zu ihm hin und fragte: »Was machst du denn hier?«
»Geschichten hören.«
»Was für Geschichten denn?«
»Geschichten, die von Dingen erzählen, die längst vergangen sind. Lege deine Vögel auf den Stein und sag ›Ich bin gekommen, um Geschichten zu hören!‹«
Der Junge tat, wie ihm geheißen, und augenblicklich begann der Stein zu reden. Der Junge hörte zu, bis die Sonne unterging.
Dann sagte der Stein: »Jetzt wollen wir ausruhen. Komme morgen wieder.«
Auf dem Heimweg schoß der Waisenjunge noch drei oder vier Vögel.
Als sich nun die Ziehmutter bei dem Spion erkundigte, warum ihr Sohn so wenig Vögel geschossen habe, sagte der: »Ich folgte ihm eine Weile, dann redete ich mit ihm, und danach jagten wir zusammen, bis es Zeit war heimzukehren. Wir konnten einfach nicht so viele Vögel finden.«
Am nächsten Morgen sagte der ältere Junge: »Ich gehe mit dem Waisenjungen auf die Jagd. Es macht Spaß.«
Die beiden brachen zusammen auf. Bis der Vormittag zur Hälfte um war, hatte jeder der beiden Jungen eine Schnur Vögel. Sie liefen zu der Stelle und legten die Vögel auf den Stein und sagten: »Wir sind gekommen. Hier sind die Vögel. Erzähl uns Geschichten.«
Sie saßen auf dem Stein und hörten den Geschichten zu bis spät am Nachmittag. Dann sagte der Stein wieder: »Jetzt wollen wir uns ausruhen bis morgen.«
Auf dem Heimweg schossen die Jungen jeden Vogel, den sie finden konnten, aber es war spät, und sie fanden nicht viele.
Mehrere Tage vergingen auf diese Weise. Dann warb die Ziehmutter zwei Männer an, um sie zu verfolgen.
Am nächsten Morgen, als die Jungen eine große Anzahl von Vögeln erlegt hatten, rannten sie zu dem Stein. Die Männer folgten ihnen und verbargen sich hinter den Bäumen. Sie sahen, wie die Jungen ihre Beute auf den großen runden Stein legten. Sie hörten, wie jemand zu erzählen anfing und redete.
»Komm«, sagte der eine zum anderen, »wir wollen mal hingehen und ausfindig machen, mit wem die Jungen da sprechen.«
Sie liefen zu dem Stein und fragten: »Was macht ihr da, Jungen?«

Die Jungen erschraken, aber der Waisenjunge sagte: »Ihr müßt versprechen, daß ihr das keinem Menschen verratet.«
Sie versprachen es, und der Waisenjunge sagte: »Springt auf und setzt euch hier auf den Stein.«
Als die Männer sich auf den Stein gesetzt hatten, sagte der Junge: »Fahr fort mit der Geschichte, wir hören zu.«
Die vier setzten sich, senkten die Köpfe, und der Stein fuhr fort, Geschichten zu erzählen.
Als es fast dunkel war, sagte der Stein: »Morgen müssen alle Leute aus eurem Dorf herkommen und meinen Geschichten zuhören. Alle sollen etwas zu essen mitbringen. Ihr müßt das Buschwerk beseitigen, damit die Leute auf dem Erdboden sitzen können.«
In dieser Nacht erzählte der Waisenjunge dem Häuptling alles über den geschichtenerzählenden Stein und teilte ihm mit, was der ihm aufgetragen hatte. Der Häuptling schickte einen Läufer mit der Botschaft zu jeder Familie im Dorf.
Zeitig am nächsten Morgen folgten alle Einwohner des Dorfes dem Waisenjungen. Als sie an den Stein kamen, legte jeder hin, was er an Eßbarem mitgebracht hatte. Das Unterholz wurde geschlagen, und alle setzten sich.
Als alles still war, sagte der Stein: »Jetzt will ich euch Geschichten von dem erzählen, was vor langer Zeit geschehen ist. Es gab eine Welt vor dieser Welt. Die Dinge, über die ich berichte, spielten sich in jener Vorwelt ab. Einige von euch werden jedes Wort, das ich sage, im Gedächtnis behalten, andere werden einen Teil der Worte im Gedächtnis behalten, und einige werden alles vergessen. Aber jeder soll sein Bestes tun. Später sollt ihr dann diese Geschichten untereinander erzählen. Jetzt aber hört mir zu.«
Jedermann senkte den Kopf und hörte jedes Wort, das der Stein sagte. Ab und zu sagten die Jungen »uhn!«, und als die Sonne fast völlig untergegangen war, sagte der Stein: »Nun ist's genug. Kommt morgen wieder und bringt Fleisch und Brot.«
Am nächsten Morgen versammelten sich die Leute wieder um den Stein. Sie fanden, daß das Brot und das Fleisch, das sie am Tag zuvor zurückgelassen hatten, fort war. Sie legten wiederum Brot und Fleisch auf den Stein, setzten sich im Kreis hin und warteten. Als alles ruhig war, begann der Stein zu erzählen. Wieder hörten sie Geschichten, bis die Sonne fast untergegangen war. Dann sagte der Stein: »Kommt morgen. Morgen will

ich die Geschichten von dem, was lange zuvor geschah, zu Ende erzählen.«

Früh am Morgen versammelten sich die Leute wieder, und als es ganz still war, fing der Stein an zu erzählen. Spät am Nachmittag aber sprach er:

»Jetzt bin ich fertig. Ihr müßt nun diese Geschichten am Leben erhalten, solange diese Welt besteht, erzählt sie euren Kindern und euren Enkelkindern, Generation um Generation. Es wird welche geben, die sie sich besser merken können als andere. Wenn ihr zu einem Mann oder einer Frau geht und eine von diesen Geschichten hören wollt, dann bringt dem Erzähler etwas zu essen mit, Brot oder Fleisch oder was ihr eben habt. Ich weiß, so ist dies auch schon in der Vorwelt geschehen. Ich habe euch davon berichtet. Behaltet auch diese Geschichte im Gedächtnis. Ich bin am Ende.«

Und so ist es gewesen. Von einem Stein haben die Senecas die Kunde von der Vorwelt.

Der Ursprung der Seneca-Medizin

Drei gute Geister in der Mythologie der Irokesenstämme waren die Geister des Maises, der Bohne und des Kürbisses. Sie waren Schwestern, die einander liebten. Sie wuchsen auf demselben Acker, lebten zusammen in Frieden und Eintracht.

In stillen Mondnächten konnte man sie auf den Feldern tanzen sehen, man hörte das Geräusch von ihren Bewegungen zwischen den hohen Maisstauden.

Der Geist des Maises war in lange grüne Blätter gekleidet mit gelben Quasten, die den Blütenständen dieser Pflanze entsprechen.

Der Geist der Bohne trug einen langen Umhang zu grünen Schoten.

Der Geist des Kürbisses war mit Blüten in leuchtendem Orange gekleidet.

Die Indianer hielten Feste zu Ehren dieser Geister ab und beteten zu ihnen als »unsere Leben« und »jene, die uns nähren«.

Die nachstehende Legende der Senecas erzählt von zweien dieser heiligen Pflanzen.

Vor langer Zeit ging einmal ein Mann zur Jagd allein in den Wald. Eines Nachts, als er auf einem Feld lagerte, erwachte er von dem Geräusch singender Stimmen und vom Schlag einer Trommel. Sehr zu seinem Erstaunen sah es an dieser Stelle plötzlich so aus, als wohnten da Leute. Auf der einen Seite sah er einen Haufen Mais, auf der andern Seite eine Kürbisranke mit drei Kürbisfrüchten daran. In einiger Entfernung aber wuchsen drei Maispflanzen.

»Das muß doch etwas zu bedeuten haben«, dachte der Mann bei sich. Aber er begriff die Bedeutung dieser Dinge nicht. Nachdenklich und immer noch grübelnd, machte er sich auf zur Jagd und hatte vor, am Abend noch einmal wiederzukommen.

In dieser Nacht schlief er ganz in der Nähe, und wieder erwachte er von einem Geräusch.

Als er seine Augen aufschlug, erblickte er neben sich einen Mann, der ihn anschaute. Eine ganze Anzahl von Leuten kam auf ihn zu.

»Nimm dich in acht!« sagte der seltsame Mann, »was du in der letzten Nacht gesehen hast, ist heilig. Du mußt deswegen sterben.«

»Nein«, sagten die Leute, die den Jäger umstanden. »Wir wollen ihm verzeihen. Laßt ihn uns in unser Geheimnis einweihen. Sagt ihm, wozu Mais und Kürbis da sind.«

»Mais und Kürbis sind eine große Medizin für Wunden«, sagte der Mann, der den Jäger geweckt hatte. »Komm mit mir, ich zeige dir, wie man sie zubereitet und wie man sie benutzt.«

Der Mann, der in dem Traum auftrat, führte den Jäger zu einer Stelle, an der er ein Feuer und einen Lorbeerbusch sah. Um ihn herum tanzten viele Leute. Sie sangen und schwangen Rasseln.

»Warum tanzen diese Leute?« fragte der Jäger.

Statt einer Antwort ergriff einer der Tanzenden einen Stock, hielt ihn ins Feuer und stieß ihn dann durch die rechte Wange des Jägers. Dann legte er ihm eine Medizin auf. Rasch heilte die Wunde. Ein anderer ließ einen Stecken Feuer fangen und stieß ihm dem Jäger ins rechte Bein. Dann tat auch er Medizin auf die Wunde, und sie heilte augenblicklich.

Die ganze Zeit zeigten sie ihm die Kraft der Medizin, und dabei sangen sie ein Lied. Sie nannten es das »Medizinlied«, und auch das lehrten sie ihn. Schließlich lehrten sie ihn noch, wie man Medizin herstellt. Als der Jäger heimging, sah er, daß die Tänzer

und die anderen Leute keine menschlichen Wesen gewesen waren, wie er zunächst gemeint hatte. Es waren Tiere gewesen – Bären, Biber, Füchse. Und als er sich noch einmal umsah, waren sie alle verschwunden.
Daheim hielt er sich an die Anweisungen, die sie ihm in seinem Traum gegeben hatten. Er nahm Mais, trocknete den Kolben, zerstampfte die Körner. Er nahm einen Kürbis, schnitt ihn auf, zerstampfte ihn. Er erinnerte sich daran, wieviel Wasser aus einer Quelle man hinzugeben mußte und auch, daß sie gesagt hatten: »Immer oben aus dem Bach, nie von unten.«
Von der Medizin, die er herstellte, heilten die Wunden rasch, wie sie ihm prophezeit hatten.
Viele Jahre lang machte der Mann diese Medizin und heilte viele Menschen. Ehe er starb, bereitete er einen Vorrat davon, der für hundert Jahre reichen würde.
Das war der Ursprung der großen Medizin der Seneca-Indianer. Wann immer die Rehe ihr Haar wechseln, machen sie diese Medizin, singen das Lied des Jägers. Und während die Medizin aufgetragen wird beim Patienten, singen die Leute dazu und schwingen ihre Rasseln. Sie verbrennen dabei auch Tabak, denn Tabak zu verbrennen ist wie beten.

Der Ursprung der Irokesen-Medizin

Es war einmal ein Mann, der war ein großer Jäger. Seine Großzügigkeit wurde im ganzen Land gerühmt, denn er versorgte nicht nur seine eigene Familie, sondern gab von dem erlegten Wild auch an seine Freunde und Nachbarn ab. Er rief sogar die Vögel und die Tiere des Waldes herbei, um sie an seinem Überfluß teilhaben zu lassen.
Aus diesem Grund hieß er auch »der große Beschützer der Vögel und Tiere«.
Er lebte das Leben eines Jägers, bis Krieg zwischen seinem und einem fremden Stamm ausbrach. Dann lebte er das Leben eines Kriegers und erwies sich im Krieg als ebenso tapfer, wie er auf der Jagd geschickt gewesen war. Er erschlug viele seiner Feinde, bis die Erde um ihn mit Toten bedeckt war. Nur einen erschlug er nicht, einen mächtigen starken Mann. Als sich der Jäger ablen-

ken ließ, spaltete ihm dieser Mann mit seinem Tomahawk den Schädel. Der Jäger stürzte zu Boden, der Krieger skalpierte ihn und floh.
Seine Stammesbrüder sahen ihn dort liegen. Aber sie hielten ihn für tot und ließen ihn auf dem Schlachtfeld zurück. Doch ein Fuchs, der dort herumschlich, erkannte den Beschützer der Vögel und Tiere. Traurig wurde er, als er sah, daß ihr Freund da erschlagen lag, und er sann darüber nach, wie er ihm wohl das Leben zurückgeben könne.
»Vielleicht«, sprach der Fuchs bei sich, »vielleicht kennen meine Freunde eine Medizin, die in der Lage ist, seine Wunden zu heilen.«
So lief er in den Wald und stimmte ein Geheul an, das das Signal dafür war, daß die Tiere zusammenkommen sollten. Von nah und fern kamen sie, hundert von jeder Art. Sie umstanden die Leiche des Jägers und fragten, was denn geschehen sei.
»Ich kam zufällig des Weges«, erklärte der Fuchs, »und fand unseren Freund hier leblos auf der Erde liegend.«
Die Tiere besahen die Leiche aufmerksam. Ja, der Körper war ohne Leben. Dann hielten sie unter dem Vorsitz des Bären Rat.
Als alle bereit waren zuzuhören, fragte der Bär: »Kennt einer von euch eine Medizin, die diesen Mann wieder lebendig machen kann?«
Alle Tiere untersuchten ihre Medizinbüchsen, aber sie fanden nichts, das so machtvoll gewesen wäre, ihm das Leben wiederzugeben. Als das klar war, verfielen sie in ein jämmerliches Geheul, den Totengesang. Das hörte ein Singvogel, eine Golddrossel, und sie kam schnell herbei, um zu hören, wer denn gestorben sei.
Der Bär erzählte es ihr.
»Auch wir Vögel trauern um den Tod unseres Freundes«, sagte die Golddrossel zum Bär, »lade sie doch auch alle zu dieser Versammlung ein. Vielleicht fällt uns allen zusammen etwas ein, das den Jäger wieder zum Leben erwecken könnte.«
Bald waren alle Vögel versammelt. Selbst der große Adler kam, der sich sonst selten auf der Erde blicken läßt.
Als die Vögel die Leiche betrachtet hatten und sicher waren, daß kein Leben mehr in dem Körper war, begannen sie zu beraten. Alle meinten, man müsse den Skalp des Mannes wieder herbeischaffen.

Zuerst bot sich der Fuchs an, diesen Auftrag zu übernehmen. Er sprang fort, voller Hoffnung, aber nach vielen Tagen kam er zurück und sagte: »Ich habe die Spuren des Kriegers, der unsern Freund getötet und ihm den Skalp genommen hat, nirgends ausspähen können.«

Danach wurden noch andere Tiere aufgefordert, diese Aufgabe zu übernehmen. Der Rüttelfalke bat als erster der Vögel, nach dem Skalp des Toten suchen zu dürfen.

»Ich fliege rasch«, sagte er, »also kann ich in Gegenden der Welt gelangen, in die sonst keiner hinkommt.«

Rasch flog er fort, aber er war schon wieder da, als die andern ihn noch kaum vermißt hatten.

»Er ist zu rasch geflogen«, sagten sie, »wie will er da klar und deutlich sehen.«

Als nächster meldete sich freiwillig der weiße Reiher.

»Ich fliege langsam«, sagte er, »mir entgeht nichts, während ich über die Erde dahingleite.«

Aber bei seinem Flug kam er über eine Ebene mit einem Bohnenfeld. Die Bohnen standen gerade gut und sahen so verlockend aus, daß er dort einfiel und sich vollfraß. So viel fraß er, daß er hinterher nicht mehr vom Boden hochkam.

Nachdem man einige Tage gewartet hatte, rief die Ratsversammlung einen andern Vogel auf, um sich auf die Suche nach dem Skalp zu machen. Dieses Mal war es die Krähe.

»Ich fliege so langsam wie der Reiher«, sagte die Krähe, »außerdem tauche ich so häufig über Dörfern auf, daß niemand Verdacht schöpfen wird, wenn ich mich dort sehen lasse und nach dem Skalp Ausschau halte.«

Als die Krähe nun so faul durch die Luft flog, erspähte sie den Rauch, der von einer Siedlung aufstieg. »Das will ich mir doch ein bißchen genauer ansehen«, sprach sie bei sich. Und siehe da, dort lag tatsächlich auch der Skalp, nach dem sie alle so lange vergeblich gesucht hatten, zum Trocknen ausgelegt.

Nun hatten die Krieger dieses Stammes aber schon von der Ratsversammlung der Tiere und Vögel gehört. Also rief ein Krieger, als er die Krähe sah: »Eine Krähe kreist über unserem Lager!«

Er paßte nicht allzu gut auf. Die Krähe packte den Skalp mit ihrem Schnabel und flog mit ihm davon, zurück zur Ratsversammlung.

Als die Tiere dem Toten den Skalp wieder auf den Kopf setzen wollten, stellten sie fest, daß er vom Trocknen kleiner geworden war und nicht mehr paßte. Vergeblich hielten sie nach etwas Ausschau, womit sie ihn anfeuchten könnten, bis der Große Adler ihnen seine Hilfe anbot.

»Hört auf meinen Rat«, sagte der Adler, »meine Schwingen sind noch nicht ganz trocken, denn der Tau des Himmels ist auf sie gefallen, während ich in meinem Nest über den Wolken gesessen habe. Vielleicht vermag diese Feuchtigkeit mehr als irdisches Wasser. Wir wollen sehen.«

Er riß sich also eine Feder aus, befeuchtete sie mit Tau auf seinem Rücken. Und als die Feuchtigkeit auf den zusammengeschrumpften Skalp gestrichen wurde, dehnte er sich wieder aus, und der Skalp sah aus, als sei er gerade erst genommen worden.

Er paßte nun zwar auf den Kopf, aber noch fehlte es an einer heilenden Kraft, die Skalp und Körper wieder zusammenfügen und den Jäger zum Leben erwecken würde.

Willig zu helfen, schwärmten alle aus und trugen Blätter von seltenen Bäumen, Blumen, Borke und Fleisch von Tieren und Hirn von Vögeln herbei, um einen heilenden Trank daraus zu brauen. Und als man dazu den Tau vom Rücken des Adlers gab, verband er den Skalp wieder mit dem Körper. Sobald aber der Skalp wieder auf seinem Kopf festsaß, richtete der Jäger sich auf. Erstaunt sah er um sich alle seine Freunde und fragte sich, warum sie in so großer Zahl hergekommen seien.

»Stell dich auf deine Beine«, sagten sie zu ihm.

Und als sie festgestellt hatten, daß er stehen und sich bewegen konnte, erzählten sie ihm die ganze Geschichte, angefangen bei dem Augenblick, da ihn der Fuchs auf dem Feld tot hatte liegen sehen, und den Rest der Medizin, mit dem sie ihn vom Tod ins Leben zurückgebracht hatte, händigten sie ihm aus.

»Es ist ein Geschenk des Großen Geistes an die Menschen«, erklärten sie ihm, »er lenkte uns auf unserer Ratsversammlung. Er brachte den Adler dazu, uns die himmlische Flüssigkeit zu geben. Er schenkte uns die Weisheit, derer es bedarf, um die Medizin herzustellen.«

Dann gingen die Tiere heim in den Wald, und der Adler flog wieder auf seinen Horst und die anderen Vögel auf ihre Nester in den hohen Bäumen. Alle waren sie glücklich, denn sie hatten die mächtige Medizin, die einem Toten das Leben wiederzugeben vermag, dem Beschützer der Vögel und Tiere geschenkt.

Der Jäger kehrte heim und trug die wunderbare Medizin mit sich. Er erzählte den Leuten seines Stammes von dem Wunder, das sie bewirkt hatte. Und von jenem Tag an wird diese Medizin bei den Irokesen hergestellt und verwendet.

Der erste Wampum

Wampumperlen werden aus bestimmten Muschelarten hergestellt. Wie das geschieht, wird geheimgehalten. Sie wurden als Geld, zu Halsbändern und als Schmuck an Kleidern benutzt. Eine Wampumschnur oder ein Wampumgürtel waren wichtig bei den Zeremonien, bei Ratsversammlungen und für die Aufzeichnung der Historie. Beim Abschluß von Verträgen, bei Beistandspakten war es üblich, einander Wampumgürtel zu schenken, und diese wurden sehr sorgfältig aufbewahrt.
Die Perlen wurden so angeordnet, daß ihr Muster und die Farbensymbolik Vorstellungen und Ideen ausdrückten. Ein weißer Wampum, wenn er zeremoniell benutzt wurde, bedeutete Frieden, Gesundheit, Wohlstand. Ein purpurner Wampum bedeutete Feindschaft, Sorge, Trauer. Wampumgürtel und Wampumschnüre waren die Annäherung an ein System, Geschichte, Gesetze und Ritus aufzuzeichnen. Die Irokesen und Huronen-Wyandots haben fast identische Mythen vom Ursprung des Wampums. Die Irokesen erzählten auch, Hiawatha habe den ersten Wampum aus dem Gefieder eines Entenschwarms gemacht. Als er, von Feinden verfolgt, einen See überqueren mußte, trockneten die Enten diesen See aus.

Vor langer Zeit, in den Tagen unserer ersten Großväter, standen die Dörfer der Wyandots an einem schönen See im Norden des Landes. Nahe dem einen Dorf lag ein Sumpf, in dem Preiselbeeren wuchsen.
Eines Tages ging nun ein Mädchen in jenen Sumpf, um Beeren zu pflücken, und wurde dort von einem riesigen Vogel überrascht. Er war halb so groß wie ein Baum, und das Mädchen hatte schreckliche Angst vor ihm. Er fraß Beeren, schien aber nicht in der Lage zu sein, sich in die Luft zu erheben und fortzufliegen.
Das Mädchen dachte: »Es ist ein Hook-keh Vogel.«

Es rannte ins Dorf zurück und erzählte dem Häuptling, was es gesehen hatte. Man schlug die große Muscheltrommel, der Rat trat zusammen, und der Häuptling berichtete, was das Mädchen gesehen hatte. Alle Leute hatten Angst.
Der Rat forderte den Medizinmann auf, eine Medizin herzustellen und so herauszufinden, was das für ein Vogel sei und was es mit ihm auf sich habe.
Von dieser Medizin erfuhren die weisen Männer, daß der Vogel im Sumpf der erste Wampumvogel sei, den man je in der unteren Welt zu Gesicht bekommen habe.
»Wir müssen diesen Vogel töten, um den Wampum zu bekommen«, beschloß die Ratsversammlung.
Also gingen der Häuptling und die Krieger in den Sumpf, um den Wampumvogel zu erlegen. Dieser war immer noch damit beschäftigt, Beeren zu fressen. So wild und grimmig sah der Vogel aus, daß sich die Krieger mit ihren Keulen nicht an ihn heranwagten.
»Benutzen wir doch die Pfeile«, sagte der Häuptling, »derjenige, der den Wampumvogel mit seinem Pfeil erlegt, soll meine Tochter zur Frau bekommen.«
Die Tochter des Häuptlings war sehr schön und sehr begehrt bei den Krieger des Stammes. Sie schossen also ihre Pfeile auf den Vogel ab. Als der erste Pfeil ihn traf, richtete sich der Vogel in seiner ganzen Größe auf. Halb so groß wie ein Baum war er, und er schüttelte alle Wampums ab, die an ihm hingen. Die kostbaren Gegenstände fielen wie ein Regenschauer zur Erde. Aber sogleich war er wieder über und über mit Wampums bedeckt. Purpurne Wampums bedeckten seine Schwingen, weiße seine Flügel.
Wieder und wieder schossen die Krieger auf den Vogel. Und jedes Mal, wenn ein Schuß traf, richtete sich der Vogel auf und schüttelte die weißen und purpurnen Wampums ab. Während die Krieger alle Wampums einsammelten, war der Vogel schon wieder von Kopf bis Fuß mit neuen Wampums bedeckt.
Aber kein Pfeilschuß konnte den Vogel töten. Sie konnten sich ihm auch nicht so weit nähern, daß sie ihn mit ihren Keulen hätten erschlagen können.
Als sie noch berieten, was sie nun tun sollten, kam ein junger Mann durch den Wald zu der Stelle gelaufen, an der sie zusammenstanden. Er war ein Fremder und gehörte einem andern Stamm an. Die Krieger wollten ihn töten, ihm den Skalp

nehmen, aber der Häuptling meinte: »Laßt uns erst einmal den Wampumvogel erlegen.«
Der Junge hieb eine kleine Weide ab, die im Sumpfland wuchs, und bog sich aus ihrem Stamm einen guten Bogen. Keiner sah, wie der Pfeil von seiner Bogensehne fortschnellte, keiner sah, wie er traf. Aber alle sahen, wie der Wampumvogel zusammenbrach und daß ein Pfeil in seinem Hals steckte. Nachdem sie die Wampums eingesammelt hatten, kehrten die Leute ins Dorf zurück. Selbst die größte Hütte war zu klein, um all die Wampums aufzunehmen, die sie gefunden hatten.
Die Krieger nahmen den Jungen, der den Vogel erlegt hatte, mit ins Dorf. Immer noch wollten sie ihn töten und skalpieren, denn er hatte etwas getan, was sie nicht fertig gebracht hatten. Wieder aber mischte sich der Häuptling ein.
»Mein Sohn«, sagte er, »erzähle uns, woher du kommst.«
»Ich bin ein Delaware«, antwortete der Junge, »meine Leute wohnen in einem Dorf nicht weit von hier.«
Der Häuptling und die Ratsversammlung forderten den jungen Mann auf, Männer seines Stammes zu einer Verhandlung herbeizuholen. Der große Rat der Wyandots erkannte die Delawaren als Verwandte an, und die beiden Völker schlossen einen Vertrag, der nie gebrochen worden ist.
Der junge Mann wurde von den Wyandots adoptiert, und er erhielt des Häuptlings Tochter zur Frau, denn ihm war es ja auch gelungen, den Wampumvogel zu töten.
Um den Vertrag zu bekräftigen und ihn bindend zu machen, tauschten die beiden Stämme Wampumschnüre aus, deren Wampums von dem Vogel stammten, die der junge Delawarekrieger erlegt hatte. Und von da an schlossen die Wyandots nie mehr einen Vertrag, ohne daß sie mit ihren Partnern nicht einen Wampumgürtel ausgetauscht hätten.
Die Wyandots und ihre Verwandten, die Delawaren, lebten lange als gute Nachbarn, und erst später kamen die Wyandots an die Ufer des St. Lorenz-Stroms.

Der erste Tabak

Tabak wurde als ein Mittel betrachtet, sich mit den Geistern in Verbindung zu setzen. Man benutzte Tabak, um aufgebrachtes Wasser zu besänftigen, Gewitter und Stürme zu beruhigen, Tabakrauch, über einen Reisenden hingeblasen, verlieh diesem Schutz. Indem man eine Pfeife anzündete, erwies man seine Dankbarkeit. Tatsächlich war das gemeinsame Rauchen einer Pfeife Tabak der letzte Akt bei einem Abkommen oder einem Vertrag. Entscheidend ist, daß bei den Indianern nicht aus Gewohnheit geraucht wurde, sondern Rauchen nur bei zeremoniellen Anlässen üblich war. Die folgende Geschichte ist die Ursprungsmythe des Tabaks – wie sie bei den Huronen-Wyandot erzählt wird.

Vor langer Zeit lebte der Falkenklan des Wyandotstammes in einem Dorf an einem See. Klares Wasser floß in den See aus den nahegelegenen Bergen, wo hohe und schöne Bäume wuchsen. Von dem Dorf aus wirkten die Berge blau. In dem Dorf wohnte ein alter Mann des Bärenklans mit seiner jungen Frau aus dem Falkenklan. Zwei Töchter waren ihnen geboren worden, und sie waren sehr glücklich. Aber als die erste Tochter zwölf Jahre alt war, starb sie, und ihre Eltern trauerten sehr um sie. Als die zweite Tochter zwölf Jahre alt wurde, starb sie ebenfalls. Der Mutter brach der Kummer über den Verlust der beiden Kinder das Herz. Auch sie starb. In seiner Hütte blieb der alte Mann allein zurück. Traurig und schwer war es ihm ums Herz, aber er ging im Dorf umher und tat Gutes. Bei allen Angehörigen des Falkenklans stand er in hohem Ansehen.

Eines Tages stand der alte Mann zusammen mit einigen Nachbarn am See. Da sahen sie, wie ein Schwarm großer Vögel von den blauen Hügeln her angeflogen kam. Es waren riesige Falken; halb so groß wie ein Baum kamen sie den Leuten vor.

Erstaunt sahen sie, wie die Vögel über dem See kreisten. Plötzlich stürzte einer der Vögel ab. Er lag am Ufer auf der Erde, die Flügel über dem Rücken hochgestellt wie eine Taube, die ein Pfeilschuß getroffen hat. Die andern Falken stiegen hoch, stießen wieder herab, riefen und schrien einander etwas zu. Dann flogen sie wieder zurück in die blauen Berge, woher sie gekommen waren.

Mit Schrecken beobachteten die Leute des Dorfes diesen unheimlichen Vorgang. Alle liefen sie am Ufer hin und her, gestikulierten und sagten zueinander in Angst und Schrecken: »Die großen Vögel sind ein böses Omen. Wir werden Schlimmes erleben.«
Nur der alte Mann hatte keine Angst. Er versuchte vielmehr, die anderen zu beruhigen.
»Ich werde zu der Stelle hingehen, wo der Vogel zu Boden gefallen ist«, sagte er.
»O nein«, sagten seine Freunde, »geh nicht zu dem Falken.«
»Ich habe keine Angst«, erwiderte er, »ich bin alt, ich bin traurig. Mein Leben ist fast zu Ende. Der Himmel ist schwarz, und ich bin allein. Es macht weiter nichts, wenn ich sterben muß, und ich fürchte auch nicht den Tod. Ich werde mir den abgestürzten Falken einmal anschauen.«
Also ging der alte Mann allein zu dem gefallenen Vogel hin. Der Weg war länger, als er gedacht hatte. Es wurde dunkel. Aber der Falke blieb an der Stelle liegen, wo er abgestürzt war. Als der alte Mann zu ihm hinkam, fuhr eine große Flamme vom Himmel, und im Augenblick war der Vogel zu Asche verbrannt. Der Mann fand nichts als Asche. Aber in der Asche war noch etwas glühende Kohle. Als er sich die Stelle genauer betrachtete, erkannte er, daß die Glut das Gesicht seiner erstgeborenen Tochter hatte. Er nahm also die Kohle auf, und sie sprach mit ihm.
Unterdessen hatten die Leute im Dorf Angst bekommen, was wohl geschehen sein mochte. Sie kamen herbeigelaufen, und auch sie vernahmen die Stimme der erstgeborenen Tochter. Das Mädchen sagte: »Ich bin mit einem kostbaren Geschenk für meinen Stamm zurückgekehrt. Meine Verwandten vom Falkenklan haben es mir gegeben. Hier ist es.«
Sie öffnete die Hände, und die Leute sahen, daß sie eine Menge kleiner Samen darin trug. Diese pflanzte das Mädchen in die Asche des Feuers, und bald gingen sie auf. Bald wuchs ein ganzes Feld mit Tabakpflanzen an der Stelle, wo der Vogel abgestürzt war.
Eine gewisse Zeit noch lebte das Mädchen bei seinem Stamm. Es lehrte die Leute, wie man Tabak anbaut, wie man Tabak als Opfer darbringt und wie man ihn in Pfeifen raucht.
So waren die Wyandots glücklicher als andere Völker. Sie allein kannten den Tabak.

Der Ursprung des Biber-Medizinbündels

Medizinbündel gehören zu den kostbarsten Gegenständen, die ein Stamm besitzt. Ein solches Bündel kann aus allem möglichen bestehen, aus ein paar Federn, die in ein Stück Haut oder Tuch eingeschlagen sind, oder aus einer Vielzahl verschiedener Gegenstände: Häute von Tieren, Vögel, Wurzeln, Steine, Felsen, Pfeifen, die in einem Beutel aus Rawhide (Rinderhaut) aufbewahrt werden. Natürlich hat jeder Gegenstand seine bestimmte magische Bedeutung, und wenn er aus dem Bündel hervorgeholt wird, begleitet der Besitzer des Medizinbündels diese Tätigkeit mit einem bestimmten Lied.
Beim Stamm der Sarcee im westlichen Kanada (eine andere Schreibweise ist Sarsi) ist das Biberbündel eines der kostbarsten. Es steht im Zusammenhang mit dem Sonnentanz und dem Tabakanbau. Über seinen Ursprung erzählte der ehemalige Besitzer des Bündels folgende Mythe:

Einmal sichtete ein Jäger eine Büffelherde nicht weit vom See. Er ließ sein Pferd zurück und versteckte sich in einer Vertiefung. Als die Büffel näher kamen, schoß er auf einen, der sehr fett war. Nachdem er den Kadaver auf den Rücken gewälzt hatte, nahm er die Eingeweide heraus und schnitt einen Teil des Fleisches los. Dann wendete er den Büffel wieder um, machte noch einige Stücke Fleisch los, schnitt die Beine ab und schälte das Fleisch von den Rippen.
Während er damit beschäftigt war, den Büffel auszuschlachten, kam am Ufer des Sees ein Fisch aus dem Wasser und sprang um ihn herum. Es war ein großer Fisch, und er hatte ein Horn auf der Stirn.
»Hab keine Furcht, mein Sohn«, sagte der Fisch. »Siehst du die kleine Wolke dort am Himmel? Das sind die Donnervögel. Sie wollen mich fassen, aber sie haben Angst vor menschlichen Wesen, und du wirst mich doch beschützen.«
Da stieß der Donnervogel vom Himmel herab und sagte zu dem Jäger: »Mein Sohn, tritt zur Seite. Wir wollen diesen Wal fressen. Warum läßt er sich von dir beschützen?«
Der Jäger antwortete: »Töte ihn nicht. Er hat sich nun mal unter meinen Schutz gestellt.«

Wieder sprach der Donnervogel: »Mein Sohn, er hat nicht so viel Kraft wie ich besitze.«
»Das ist nicht wahr«, mischte sich der Wal ein. »Wir, die wir auf der Erde leben, haben mehr Kraft als jene, die in der Luft nahe dem Himmel hausen. Der Donner kommt nur einmal im Jahr. Die Donnervögel haben nicht die Kraft, bei dir zu bleiben. Wenn du mich ihnen auslieferst, wirst du eines Tages über ein bißchen Wasser stolpern und dabei umkommen. Wenn du mich aber rettest, will ich dir ein Bündel geben.«
»Mein Sohn«, sagte der Donnervogel, »wenn du uns den großen Fisch gibst, sollst du alles haben, was du dir nur wünschst.«
Der Jäger hörte sich das an und dachte über beide Vorschläge nach. Dann antwortete er: »Mir tut der Wal leid, aber ich will auch euch Mitgefühl erweisen. Laßt ab von dem Wal und nehmt statt seiner diesen fetten Büffel.«
Die Donnervögel antworteten: »Es ist uns nicht recht, daß wir dir nun dein Fleisch nehmen, aber dafür lassen wir auch ab von dem Wal. Es war dein Vorschlag.«
Sie bewegten sich leicht, und plötzlich stürzten sie herab und nahmen das Fleisch des Büffels.
Nachdem sie wieder zum Himmel aufgestiegen waren, sprach der Wal zum Jäger: »Mach einen Beutel so wie diesen hier«, und er zeigte dem Jäger den Magen eines jungen Büffels. »Füll ihn mit dem, was ich dir sage, und ich werde dir dein ganzes Leben hindurch aus Dankbarkeit, daß du mir mein Leben gerettet hast, beistehen.«
Dann führte der Jäger den Wal zurück in den See. Ehe er untertauchte, sagte der Wal: »Wirf später noch etwas in den See, als Opfer für mich. Dann aber geh heim und mache das Bündel. Stecke in den Beutel ein Stückchen Haut von jeglicher Kreatur. Stopf auch etwas Tabak in das Bündel und bewahre ein paar Beeren darin auf als Nahrung für mich. In den Beutel zeichne ein Bild von mir, außen drauf zeichne ein Bild von den Donnervögeln. Vergiß nicht, was ich dir gesagt habe, und gib das Bündel nie fort an einen andern Stamm.«
Ehe der Wal aber untertauchte, sang er für den Jäger das Biberlied.
Der Mann machte das Bündel gemäß den Anweisungen des großen Fisches, und auf dem Sterbebett vererbte er es einem andern Mann. Und so wird es seit den Lebzeiten des Jägers im Stamm von Geschlecht zu Geschlecht weitergereicht.

Der Ursprung des Sonnentanzes

Der Sonnentanz war das große religiöse Fest der Plains Indians (der Stämme, die in den großen Ebenen wohnten). Die Zeremonien der Vorbereitung und der Tanz selbst dauerten zwischen drei und zehn Tagen, jede Einzelheit war zeremoniell sehr genau festgelegt.
Unter den Blackfeet und den Sarcees wurde ein Sonnentanz nur dann abgehalten, wenn eine Frau ein entsprechendes Gelöbnis abgelegt hatte. Sie mußte fleißig und treu sein, sonst durfte die Zeremonie nicht stattfinden.
In anderen Stämmen tat der Mann das Gelöbnis, und zwar dann, wenn ihm der Herr des Lebens eine besondere Auszeichnung erwiesen hatte.
Nachdem die Regierungen von Kanada wie auch der USA den Sonnentanz über eine ganze Anzahl von Jahren hin verboten hatten, lebte er später ohne die Selbstfolterung wieder auf.
Jeder Pfosten des Sonnenzeltes, alle heiligen Gegenstände, die während der Zeremonie der Medizinfrau übergeben und von ihr bis zum nächsten Sonnentanz aufbewahrt werden, die Pfeifen, die Muster auf den Körpern der Tänzer – all dies hat seine symbolische Bedeutung.
Das Thema des Sternenehemannes und des Sternenjungen finden sich in der Mythologie und Folklore vieler nordamerikanischer Stämme über den ganzen Kontinent hin.
Morning Star (Morgenstern) ist im allgemeinen die Venus, Mistake Morning Star (Morgenstern mit kleinen Fehlern) der Jupiter.

Der Sonnentanz hat seinen Ursprung vor langer Zeit, als die Blackfeet noch Hunde statt Pferde benutzten, um die Lasten schleppen zu lassen, und als sie Steine statt Holzpflöcken verwendeten, um die Planen ihrer Zelte festzumachen.
Einmal im zeitigen Sommer lagerte unser Volk nahe den Gebirgen. In einer wolkenlosen Nacht schliefen zwei Mädchen im hohen Gras außerhalb der Familienhütte. Die ältere der beiden Schwestern, deren Name »Federfrau« bedeutete, erwachte vor Tagesanbruch, gerade als der Morgenstern aufging. Er sah sehr schön aus, wie er da in der klaren Luft des frühen

Morgens funkelte. Das Mädchen sah zu dem Stern hin, bis er ihr ganz nahe zu sein schien und sie sich einbildete, er sei ihr Geliebter.

Schließlich weckte sie ihre Schwester und rief: »Schau den Morgenstern dort! Ist er nicht schön? Er muß auch sehr klug sein. Viele Junge Männer haben schon versucht mich zu heiraten, aber ich liebe nur den Morgenstern.«

Ein paar Monate später, als die Blätter gelb wurden und die Gänse nach Süden flogen, ging Federfrau allein zum Fluß, um Wasser zu schöpfen. Als sie wieder zurückkam, sah sie einen jungen Mann auf dem Weg stehen. Bescheiden wandte sie sich ab und wollte an ihm vorbei. Er aber streckte seine Hand aus, als wolle er sie festhalten.

Ungehalten über seine Kühnheit, rief sie: »Geh aus dem Weg! Noch nie hat ein junger Mann versucht, sich mir in den Weg zu stellen.«

»Ich bin der Morgenstern«, erwiderte er ruhig, »sehr zeitig eines Morgens im Mond der Blumen sah ich dich im Gras neben der Hütte schlafen und verliebte mich in dich. Jetzt bin ich zurückgekommen, um dich in die Hütte meines Vaters, der Sonne, zu holen. Dort wollen wir zusammen leben als ein glückliches Paar.«

Morgenstern war groß und schlank, sein Haar war lang und glänzend. In seinem Haar trug er die Blüte einer gelben Pflaume, und in der Hand hielt er einen Wacholderzweig, von dem an einem Ende eine Spinnwebe herabhing. Seine schönen Kleider waren aus weichem Wildleder und rochen nach Pinien und süßem Gras.

Federfrau erinnerte sich an seine Schönheit am Himmel an jenem Morgen im frühen Sommer, und abermals verliebte sie sich in ihn. Sie wollte mit ihm gehen, aber zögernd sprach sie: »Ich muß zuerst meinem Vater und meiner Mutter auf Wiedersehen sagen.«

»Nein«, sagte der Morgenstern. »Du darfst jetzt mit niemandem sprechen. Du wirst keinem sagen, wohin du gehst.«

Dann gab er ihr den Wacholderzweig mit der Spinnwebe, steckte ihr die gelbe Blüte ins Haar und erklärte ihr: »Berühre den obersten Faden des Spinnennetzes mit deiner Hand und setze auf den untersten Faden deinen Fuß. Jetzt schließe deine Augen.«

Dann sagte er ihr, sie solle die Augen wieder öffnen. Da befanden

sie sich schon in der Himmelswelt und standen vor einem großen Zelt.
»Dies ist das Heim meiner Eltern, der Sonne und des Mondes«, sagte der Morgenstern, »tritt ein und laß dich von meiner Mutter willkommen heißen.«
Es war Tag und die Sonne befand sich auf ihrer langen Reise. Aber der Mond war zu Hause.
Morgenstern redete seine Mutter an: »Eines Nachts im Mond der Blumen sah ich ein Mädchen, das auf der Prärie schlief. Ich liebe sie. Ich habe sie als meine Frau heimgebracht.«
Die Mondfrau hieß Federfrau willkommen als ihre Tochter, und als der Sonnenhäuptling am Abend heimkehrte, nahm auch er sie freundlich auf. Die Mondfrau kleidete sie in weiches Wildleder, gab ihr Schmuck aus Elchzähnen und andere Geschenke – Armbänder aus Elchzähnen und einen Elchhautumhang, der mit den heiligen Farben bemalt war.
»Ich gebe dir diese Geschenke«, sagte die Mondfrau, »weil du unseren Sohn geheiratet hast.«
Federfrau lebte glücklich im Himmel mit dem Morgenstern und lernte viele Dinge. Als ihnen ein Kind geboren wurde, nannten sie es Sternenjunge.
Die Mondfrau gab Federfrau einen Wurzelspaten und sagte: »Dieses Werkzeug sollte nur von einer Frau benutzt werden, die rein ist. Du kannst alle Arten von Wurzeln damit ausgraben, aber ich warne dich, die große Rübe auszugraben, die nahe dem Haus des Spinnenmannes wächst. Du hast jetzt ein Kind. Wenn du diese Rübe ausgraben würdest, brächte das uns allen Unglück.«
Überallhin ging die Federfrau. Ihr Kind und den Wurzelspaten trug sie stets bei sich. Oft sah sie die große Rübe, aber sie war zu ängstlich, um sie anzurühren.
Eines Tages, während sie dort, wo die Rübe wuchs, vorbeikam, dachte sie an die geheimnisvolle Warnung der Mondfrau und wurde neugierig.
Sie legte ihr Kind auf den Boden und grub, bis ihr Wurzelspaten auf etwas Festes stieß. Sie vermochte nicht, es zu bewegen.
Sie sah zwei große Kraniche über sich hinwegfliegen und rief sie um Hilfe an. Dreimal bat sie vergebens, aber beim dritten Mal ließen sie sich neben ihr nieder.
Der Kranichhäuptling setzte sich auf die eine Seite der Rübe, seine Frau auf die andere Seite. Er stieß seinen langen spitzen

Schnabel in die Rübe, lehnte sich dann zurück und sang ein Medizinlied:

Diese Wurzel ist heilig.
Wo immer ich grabe,
seine Wurzeln sind heilig.

Viermal wiederholte er dieses Lied, gegen Norden, gegen Süden, gegen Osten und gegen Westen hin. Beim vierten Mal zog er die Rübe heraus.

Federfrau sah durch ein Loch und sah, wie die Erde da unten lag. Ohne daß sie das gewußt hatte, war dies das Loch, durch das sie der Morgenstern in den Himmel geholt hatte. Weit unter sich sah sie das Lager der Blackfeet, bei denen sie gelebt hatte. Sie konnte die jungen Männer erkennen, die Spiele machten. Sie erkannte Frauen, die Häute gerbten, Zeltbahnen zuschnitten, Beeren sammelten oder durch die Wiesen gingen, um vom Fluß Wasser zu holen. Lange saß sie so da und schaute auf die vertrauten Bilder. Als sie sich umwandte und heimgehen wollte, weinte sie. Sie fühlte sich einsam, sie sehnte sich nach den grünen Prärien und nach ihrem Volk, den Blackfeet.

Als Federfrau in der Hütte ankam, warteten Morgenstern und seine Mutter schon auf sie.

»Du hast die heilige Wurzel ausgegraben«, sagte Morgenstern, als er seine Frau sah.

Als sie nicht antwortete, sprach die Mondfrau: »Ich habe dich davor gewarnt, diese Rübe auszugraben, denn ich liebe Sternenjunge und möchte mich nicht von ihm trennen.«

Mehr wurde nicht gesagt, denn es war noch Tag und der Sonnenhäuptling war noch fort auf seiner langen Reise.

Als er aber am Abend die Hütte betrat, fragte er sogleich: »Was ist mit dir los, meine Tochter? Du blickst so traurig drein. Hast du Kummer?«

»Ja, ich habe Heimweh. Ich habe heute zu meinen Leuten hinuntergeschaut.«

Da wurde der Sonnenhäuptling sehr zornig und sprach zu Morgenstern: »Wenn sie ungehorsam gewesen ist, mußt du sie heimschicken!«

Die Mondfrau versuchte, den Zorn der Sonne zu besänftigen, aber der Häuptling sagte wieder und wieder: »Sie muß zurück zu ihrem Volk. Bei uns würde sie nicht länger glücklich sein.«

Also führte Morgenstern die Federfrau zum Haus des Spinnenmannes, in dessen Netz er sie von der Erde hinaufgezogen hatte.

Er setzte ihr die heilige Medizinhaube auf, die nur von den reinen Frauen getragen wird. Er legte Sternenjunge an ihre Brust und hüllte beide in eine Decke aus Elchshaut ein und sagte ihnen dann Adieu. Dann ließ der Spinnenmann sie vorsichtig hinab zur Erde.

Es war ein Abend um Mitsommer, in jenem Mond, in dem die Beeren reif sind, als Federfrau zu ihrem Volk zurückkehrte. Sie lebte bei ihren Eltern in deren Hütte, aber glücklich wurde sie nie mehr. Oft stieg sie mit Sternenjunge auf die Spitze eines hohen Berges und trauerte um ihren Ehemann. Eines Nachts blieb sie allein dort oben. Ehe der Tag begann, stieg der Morgenstern aus der Ebene auf. Sie bat ihn, sie zurückzuholen. Aber er weigerte sich.

»Du hast nicht gehorcht, und deswegen kannst du nicht in das Land im Himmel zurückkehren. Deine Sünde ist der Anlaß all deiner Sorgen, und sie hat dir und deinem Volk Kummer und Leid gebracht.«

Ein paar Monate später starb Federfrau. Dann starben ihr Vater und ihre Mutter, und Sternenjunge blieb allein am Leben. Er war so arm, daß er nicht einmal Kleider besaß. Er war so schüchtern, daß er nie mit andern Kindern spielte. Als die Blackfeet ihr Lager verlegten, hatte er Angst, mit ihnen zu reisen, weil die andern Jungen immer Steine nach ihm warfen und ihn verspotteten. Er war sehr empfindlich, was die geheimnisvolle Narbe in seinem Gesicht betraf, die immer deutlicher sichtbar wurde, je größer er heranwuchs. »Narbengesicht« riefen sie hinter ihm her.

Als Sternenjunge ein junger Mann geworden war, liebte er ein Mädchen, die schöne Tochter eines mächtigen Häuptlings. Narbengesicht schickte ihr ein Geschenk und ließ sie wissen, er wolle sie heiraten. Verächtlich antwortete sie ihm, er solle schauen, wie er die Narbe in seinem Gesicht los werde.

Tief verletzt beriet sich der junge Mann mit einer alten Medizinfrau, seiner einzigen Vertrauten.

»Die Narbe in deinem Gesicht rührt daher, daß dein Großvater, der Sonnenhäuptling, dich mit seiner Hand an der Wange berührt hat«, erklärte sie ihm, »und nur er kann auch die Narbe wieder entfernen.«

Da entschloß sich Sternenjunge, zum Himmel zu wandern, zur Hütte des Sonnenhäuptlings. Die alte Medizinfrau machte ihm Moccasins und gab ihm einen Beutel mit Pemmican mit.

Allein reiste Sternenjunge über die großen Ebenen, durch die

Gebirge, bis er endlich an das Große Wasser kam, nahe der Stelle, an der die Sonne untergeht. Drei Tage und drei Nächte lag er dort an der Küste, fastete und betete zum Sonnenhäuptling.
Am Abend des vierten Tages sah er eine helle Spur, die über das Wasser führte. Er folgte diesem Pfad, bis er sich dem Haus des Sonnenhäuptlings näherte. Dort versteckte er sich und wartete.
Am nächsten Tag trat der Sonnenhäuptling aus seiner Hütte, bereit für seine tägliche Reise.
Als der Sternenjunge sich vor ihm zeigte, erkannte sein Großvater ihn nicht und wurde zornig, daß ein Geschöpf der Erde es wagte, vor ihn zu treten. Aber die Mondfrau versuchte zu vermitteln. Morgenstern, immer noch jung und schön, brachte gedörrtes, süßes Gras, das wurde als Räucherwerk verbrannt und der Junge in den heiligen Rauch gestellt. Als der Junge seine lange Geschichte erzählt hatte, wie ihn das Mädchen wegen seiner Narbe abgewiesen hatte, bekam der Vater Mitleid mit ihm.
»Ich werde dir helfen«, versprach der Morgenstern.
Sternenjunge wohnte in der Hütte von Sonne und Mondfrau mit Morgenstern. Einmal gingen sie zusammen auf die Jagd, da rettete der Junge seinem Vater das Leben. Er tötete sieben riesige Vögel, die Morgenstern angefallen hatten.
Alle empfanden Dankbarkeit, und der Sonnenhäuptling sagte zu dem jungen Mann: »Nenne mir einen Wunsch. Ich will ihn dir erfüllen.«
Da bat der junge Mann, er möge die Narbe auf seiner Wange entfernen.
»Ich will dich zu meinem Botschafter bei den Blackfeet machen«, sagte der Sonnenhäuptling, nachdem er die Narbe zum Verschwinden gebracht hatte. »Sag ihnen, daß ich alle ihre Kranken heilen werde, wenn sie mir zu Ehren einmal im Jahr ein großes Fest geben.«
Dann lehrte er Sternenjunge die Geheimnisse des Sonnentanzes und unterwies ihn in den Gebeten und Liedern, die dabei gesprochen und gesungen werden müssen.
Er schenkte Sternenjunge zwei Rabenfedern als Zeichen dafür, daß er von der Sonne gesandt war, und dazu noch ein Gewand aus weich gegerbtem Elchleder.
»Dieses Gewand darf nur eine gute und tugendhafte Frau tragen«, sagte der Sonnenhäuptling, »sie kann ihr Volk zum Sonnentanz einladen, und die Kranken werden geheilt werden.«

Morgenstern aber gab seinem Sohn eine Zauberflöte und lehrte ihn ein wunderbares Lied.
»Damit«, sagte er, »wirst du das Herz des Mädchens, in das du dich verliebt hast, gewinnen.«
Sternenjunge kehrte zur Erde zurück. Über die Milchstraße kam er herab zum Lager der Blackfeet. Er unterwies sein Volk in der Zeremonie des Sonnentanzes, so wie es ihm von seinen Großeltern aufgetragen worden war. Er gewann die Liebe des Mädchens, wie es Morgenstern vorhergesagt hatte.
Dann führte der Sonnenhäuptling das junge Paar hinauf in den Himmel, und Sternenjunge verlieh er ebensolche Schönheit, wie sie sein Vater Morgenstern besaß.
Wenn Morgenstern und sein Sohn sich zeitig am Morgen des östlichen Himmels zeigten, vermochten die Blackfeet sie oft nicht auseinanderzuhalten, deshalb erhielt der Jüngere den Namen »Morgenstern mit kleinen Fehlern«.
Der Stern, der still steht, der Nordstern, ist das Loch im Himmel, durch das Federfrau von der Erde herauf zur Hütte des Sonnenhäuptlings gezogen wurde und durch das man sie und ihr Kind auch wieder zur Erde hinabließ. Sein Licht, so sagt man, gibt eine Vorstellung davon, wie hell es im Haus des Sonnenhäuptlings ist. Der Halbkreis von Sternen gegen Osten ist die Hütte des Spinnenmannes.
Die Geschenke, die Federfrau vom Himmel mitgebracht hatte, wurden beim ersten Sonnentanz benutzt, und man benutzt sie zu dieser Zeremonie noch immer. Die heilige Medizinhaube, das Kleid geschmückt mit Elchzähnen, der Wurzelspaten, das süße Gras als Räucherwerk – all dies wird noch immer von jeder Frau benutzt, die das Gelöbnis ablegt, und sie bewahrt diese Gegenstände auch bis zur nächsten Zeremonie auf. Es sind die Heiligen Dinge des Sonnentanzes. Sie stammen aus der Hütte der Sonne, die durch diese Zeremonie geehrt wird.

Der Ursprung des Schwitzhauses

Die Sitte, in einem Schwitzhaus oder in einem Schwitzzelt ein Dampfbad zu nehmen, ist bei allen Stämmen nördlich von Mexico bekannt. Es geht dabei um mehr, als nur den Körper zu säubern. Es ist auch eine Kur gegen bestimmte Krankheiten, und es war eine religiöse Zeremonie, um den Erfolg eines Unternehmens einem Einzelnen oder dem Stamm zu gewährleisten. Das Schwitzhaus stand nach Stammestradition gewöhnlich an einem See oder einem Fluß. Wenn jemand ein Dampfbad genommen hatte, sprang er ins Wasser und schwamm. Das tat man im Sommer wie im Winter.

Die Einzelheiten des Dampfbadrituals waren in den verschiedenen Landesteilen unterschiedlich. Die folgende Geschichte kommt von einem Stamm, der auf dem Western Plateau wohnte.

Als die Welt noch jung war, gab der Schöpfer, der große Häuptling im Himmel oben, allen Tieren ihren Namen.

Er benannte den Grizzly-Bär und den Fuchs, den Adler und die Elster, den Specht und alle andern Kreaturen.

Als er den Coyoten benannte, gab der große Häuptling dem Coyoten die Macht, der Häuptling aller Stämme der Tiere zu sein.

Als nun der Schöpfer alle Tiere benannt hatte, blieb noch ein Name übrig. Das war das Schwitzhaus. Er wollte, daß die Tierleute und die Menschenwesen das Schwitzhaus kannten. Dort konnten sie sich säubern, ihre Körper und ihre Seelen. Aber kein Tierwesen war übriggeblieben, dem er diesen Namen hätte geben können. So gab der Große Häuptling den Namen seiner Frau. Sie war froh darüber, denn auch sie wollte, daß die Leute einen Ort haben sollten, wo sie sich säubern und wo sie um Stärke und Gesundheit und Glück bitten konnten.

Der Coyote gab den Leute strikte Regeln, wie ein Schwitzhaus zu bauen und wie es auf die rechte Art zu nutzen sei.

»Für den Rahmen der Hütte«, sprach er, »benutzt acht oder zwölf Zweige von einem Baum. Nehmt dazu junge Weide oder Birke oder Fichte, weil diese Zweige sich leicht biegen lassen. Macht den Rahmen so niedrig, daß die Leute sich bücken müssen, wenn sie ein Dampfbad nehmen, dann wird der Dampf dicht an ihren Leibern bleiben. Bedeckt den Rahmen mit Borke, Gras und Erde.

Erhitzt die Steine in einem Loch neben dem Eingang der Schwitzhütte. Benutzt kleine Steine aus der trockenen Erde,

nehmt keine Steine aus einem Flußbett, denn sie würden Sprünge bekommen. Rollt die heißen Steine mit Stöcken ins Schwitzhaus. Schließt den Eingang mit einer Matte oder mit Fichtenzweigen. Dann tröpfelt kaltes Wasser auf die heißen Steine. Bleibt nur so lange im Dampf, wie ihr es irgend aushaltet. Ihr müßt immer singen, wenn ihr im Schwitzhaus seid, und betet zu dem Geist des Schwitzhauses. Und wenn ihr geschwitzt habt, dann geht schwimmen.
Wenn ihr Glück braucht oder ein schwieriges Unternehmen ansteht, geht mehrere Male ins Schwitzhaus. Singt den Schwitzgesang und betet.
Wenn ihr fertig seid, stapelt die Steine außerhalb des Hauses auf. Werft sie nicht fort, tretet nicht auf sie. Wenn ihr das tut, werdet ihr Unglück haben. Beleidigt das Schwitzhaus nicht. Behandelt es immer gut. Behandelt es immer so, wie man einen Geist behandeln soll!«
Die Rahmenstämme sind die Rippen des Schwitzhauses. Sie stellen die Frau des Großen Häuptlings dort oben dar. Man kann sie nicht sehen, denn sie ist ein Geist. Aber sie hört die Lieder ihres Volkes, wenn die Menschen baden, und erhört ihre Bitten.
Sie liebt ihr Volk, und sie hat Mitleid mit seinen Sorgen und Mühen.
Ehe ein Mann auf die Jagd geht, gießt er Wasser auf die heißen Steine im Schwitzhaus und singt dieses Gebet:

O Schwitzhaus,
Hab Mitleid mir mir,
Laß mich alt werden,
Hilf mir,
Ich will ein Reh töten,
Macht gib mir über das Reh.

Wenn jemand krank ist, bittet er den Geist des Schwitzhauses, ihn zu heilen. Und er fügt dem Schwitzgesang noch ein Gebet um Gesundheit hinzu.
Ein Junge hatte einmal das Schwitzhaus beleidigt. Als er um die fünfzehn Jahre alt war, wurde er zornig, weil er es nicht fertig brachte, das Feuer im Schwitzhaus zu entzünden. Er warf die Steine hinaus und verstreute sie. Auf der Stelle bekam er heftige Schmerzen und war lange Zeit krank.

Als die Mutter erfuhr, was er getan hatte, erzählte sie es dem Medizinmann. Der Medizinmann heilte ihn, warnte aber den Jungen, nie mehr das Schwitzhaus gegen sich aufzubringen. Von da an hatte er begriffen, daß das Schwitzhaus ein heiliger Ort war. Vor jedem Schwitzen singt er seither das Lied als Gebet. Wenn er fertig ist, schichtet er die Steine vor dem Schwitzhaus sorgfältig auf und achtet darauf, daß er keinen mit seinem Fuß berührt.

MÄRCHEN AUS DEM SCHWITZHAUS

Die nachstehenden drei Märchen wurden von einem jungen Arzt, Herbert Z. Schwarz, der zunächst an der »University of Ottawa Medical School« lehrte und seit 1970 in einer kleinen Eskimo-Gemeinde an der Beaufort-See lebt, während seiner Tätigkeit als praktischer Arzt bei verschiedenen Indianerstämmen Kanadas gesammelt. Über den Erzählstil merkt er selbst an:

»Wo immer möglich, habe ich die indianische Ausdrucksweise beibehalten. Allerdings war es unmöglich, die erotischen Passagen in ihrer Original-Form wiederzugeben. Hier habe ich eine eigene Form der Interpretation gewählt. Wie alle Völker, so haben freilich auch die Indianer Geschichten, die von Inzest, Polygamie und Kastration handeln. Diese wurden allerdings bei den Indianern nicht um ihrer selbst willen überliefert. Eine Moral oder Lehre für das soziale Verhalten wurde aus ihnen abgeleitet. Sie wurden erzählt, um den Menschen die Folgen eines sozialen Fehlverhaltens vor Augen zu führen. So wird sogar der mächtige Häuptling Nanabajou der Lächerlichkeit preisgegeben, um ihn so für sein Verlangen nach seiner Tochter zu bestrafen.«

Das hört sich nach einer Art von Schutzbehauptung an. Der Wirklichkeit mehr gerecht zu werden scheint mir folgende Feststellung: Märchen und Geschichten der Indianer, in denen die Sexualität ein Handlungselement darstellt, sind in der Tradierung indianischer Folklore durch die Weißen systematisch unterdrückt oder »gesäubert« worden. Das liegt nicht zuletzt daran, daß Missionare oder Angehörige anderer männergesellschaftlich fixierter Gruppen (Trapper, Bauarbeiter der Eisenbahnen) die ersten und wichtigsten Sammler in Kanada gewesen sind. Ihre bewußte oder unbewußte Sexualitätsfurcht ist zwar verständlich, entstellt aber nichtsdestoweniger unser Bild von »indianischem Bewußtsein«. Die so geübte »zivilisatorische Zensur« ist, wenn man zwischen frühen Wort-für-Wort-Aufzeichnungen und Übersetzungen und ihrer späteren belletristischen Ausformung vergleicht, offensichtlich. Um diese Zensur wenigstens an Hand einiger Beispiele aufzuheben, habe ich mich entschlossen, einige der von H. Z. Schwarz in unseren Tagen aufgezeichneten Märchen mit ausgesprochen erotischer Thematik in diesen Band aufzunehmen.

Blauer Himmel nimmt eine Frau

Möge der Geist der Schwitzhütte meine Gesundheit fördern. Ja, mein großer Vater, ich bin wahrlich alt, und es gibt niemanden, der mich in meiner Einsamkeit tröstet.
Du, Großer Geist, der du so fern bist und doch so nah, der du über uns wachst, seit dem Beginn der Zeiten, habe Mitleid mit mir, einem Überbleibsel aus vergangenen Tagen. Bring zurück die süßen Tage meiner Jugend und mit ihnen die Erinnerung an Powomis!
Die Männer in der Schwitzhütte hörten die Anrufung des alten Mannes, der »Blauer Himmel« hieß, mit Respekt. Er war so alt, so hieß es, daß er Dinge wußte, die längst in Vergessenheit geraten waren. Auch sagte man, er besitze übernatürliche Kräfte, die er von einem Medizinmann aus alter Zeit gelernt hatte.
Blauer Himmel schüttete etwas Wasser über seinen heißen, schwitzenden Körper. Er sah sich unter den versammelten Männern um und fuhr dann fort:
Meine Brüder, ich sehe Fragen auf euren Gesichtern? Wir kennen sie nicht? Woher kommt sie? Wer ist sie? Nun gut. Ich werde euch erzählen, was ihr wissen wollt. Hört auf meine Geschichte:

Vor vielen, vielen Jahren, als ich ein junger Mann war, voller Leidenschaft, lebte in meinem Dorf ein Mädchen, das hieß Powomis. Sie war sehr schön, und alle jungen Männer waren hinter ihr her, keiner aber empfand eine solche Leidenschaft für sie wie ich.
Wie es die Sitte verlangt, hatte man Powomis, als sie ins heiratsfähige Alter kam, in die Obhut zweier alter Frauen gegeben. Sie unterwiesen sie in allem, was Frauen wissen müssen. Sie bewachten sie Tag und Nacht. Jeden Abend aber, wenn Powomis zum Fluß baden ging, folgte ich ihr. Aber die beiden alten Schachteln waren immer bei ihr. Je mehr ich von ihrer Schönheit zu Gesicht bekam, desto mehr ergriff die Leidenschaft von mir Besitz.
In dem Monat, da alles grün wird, kehrte Powomis in die Hütte ihres Vaters zurück. Nun stand es ihr frei, einen Mann ihrer Wahl zu heiraten.

Alle Männer im Lager versuchten, ihre Aufmerksamkeit zu erregen, bei jeder Gelegenheit stellten sie vor ihr ihre Tapferkeit und ihre Geschicklichkeit zur Schau, aber keiner war tapferer und bewies mehr Fertigkeiten als ich. Ich kämpfte mit den anderen jungen Männern, und nach und nach besiegte ich sie alle. Je erfolgreicher ich aber war, desto weniger beachtete sie mich. Mir war ganz elend vor lauter Liebe. Alle Liebeslieder, die ich mir von den alten Frauen im Dorf besorgt hatte, bewirkten so gut wie gar nichts.

Powomis nahm mich einfach nicht zur Kenntnis.

Schließlich wurde ich so wütend und aufgebracht, daß ich ganz einfach zur Hütte ihres Vaters ging und erklärte, ich wolle sie haben. Meine Werbung wurde mit Schweigen zur Kenntnis genommen. Jetzt lag es an mir, die Ernsthaftigkeit meiner Absichten unter Beweis zu stellen. Nicht ein Wort wurde zwischen Powomis und mir gewechselt. An diesem Abend legte ich meine Kleider ab, ging in ihre Hütte und legte mich zu dem nackten Mädchen. Aber sie war nicht allein – ihre Großmutter war bei ihr und warf ein wachsames Auge auf sie. Der dicke, häßliche Körper der Alten trennte mich vom Ziel meiner Wünsche.

Wie es die Sitte verlangt, legte ich eine blaue Perle auf Powomis nackte Brust, als Zeichen, daß ich bereit sei, sie zu heiraten. Über meine Absichten konnte niemand im Unklaren sein. Mein Penis richtete sich auf, durchpulst von Verlangen. Verzweifelt versuchte ich, den Körper des Mädchens zu berühren. Aber ihre Großmutter schlug mich mit der flachen Hand ins Gesicht. Und völlig unbeeindruckt von meinen Bitten und dem angeschwollenen Beweismittel meiner Absichten, drehte Powomis sich auf die andere Seite und schickte sich an einzuschlafen.

Elend warf ich mich die ganze Nacht auf dem Lager hin und her. Ich war immer noch wach, als am Morgen die ersten Vögel zu pfeifen begannen und die anderen Bewohner der Hütte sich regten. Als sie mich auf dem Lager ausgestreckt sahen, nahmen sie eine Handvoll Asche, warfen sie mir ins Gesicht und jagten mich unter Hieben mit Weidenruten aus der Hütte.

In der folgenden Nacht kam ich zurück und legte mich wieder neben das nackte Mädchen. Bei ihrem Anblick wurde mein Penis sofort wieder steif, und ich spürte das Blut in ihm pulsen.

Als ich aber das Mädchen berühren wollte, hielt mich ihre

Großmutter wieder davon zurück. Am Morgen warfen sie mir wieder Asche ins Gesicht und jagten mich aus der Hütte.
Enttäuscht und elend machte ich mich auf einen Spaziergang in den Wald. Ich kam an einem Teich vorbei, und dort sah ich zwei Frösche, die dabei waren, sich zu begatten. Während sie sich noch aneinanderpreßten, durchbohrte ich sie mit einem spitzen Stock. Ich dörrte die beiden Frösche über einem Feuer und sagte die magische Formel her:
»Möge die Liebe, wie ihr sie miteinander getrieben habt, zur Liebe werden zwischen Powomis und mir.«
Als die Frösche ganz trocken geworden waren, zerstampfte ich sie zwischen zwei Steinen zu einem feinen Pulver. Als die Nacht kam, suchte ich wieder Powomis' Hütte auf und streute das Zaubermittel über das schlafende Mädchen. Sie wachte nicht auf. Und da war ich, der ich Blauer Himmel heiße. Mein Penis war steif wie ein Ast und voll verzweifeltem Verlangen, in sie einzudringen. Ich verbrachte eine weitere erbärmliche Nacht, bei der es mir nicht einmal gelang, meine Arme um ihren Leib zu legen. Am Morgen wurde ich abermals aus der Hütte gejagt, Haare und Gesicht voller Asche. Und wieder unternahm ich einen Spaziergang durch den Wald.
Ich war besessen von dem Gedanken an Powomis und ganz elend vor Verlangen nach ihr. Ich ging ziellos umher und kam an eine Lichtung, auf der eine kleine Hütte stand. Vor ihr saß Zwei Bullen, der Medizinmann unseres Stammes. In meiner Ratlosigkeit vertraute ich mich ihm an und bat um seinen Rat.
»Oh Großvater, ich brauche eure Hilfe. Mein Verlangen nach Powomis macht mein Herz zu einem Stein, meine Liebeslieder nimmt sie nicht zur Kenntnis, das magische Pulver aus sich begattenden Fröschen setzt sie nicht in Feuer, meine Nähe haucht ihrem Herz keine Leidenschaft ein. Ich bin krank und elend im Gemüt.«
Der Medizinmann hörte mir schweigend zu. Er sog an seiner Pfeife und schaute gedankenverloren ins Feuer.
Dann sprach er:
»Blauer Himmel, das ist in der Tat ein ungewöhnlicher Fall. Aber mit Hilfe von Magie und gewisser Geister meine ich doch, dir helfen zu können. Hör mir genau zu. Ich werde dir sagen, was da zu tun ist ...«
Ich hörte ihm aufmerksam zu und ging dann genau so vor, wie

der kluge Medinzinmann es mir geraten hatte. Noch am selben Abend ging ich zu Powomis Hütte. Wie zuvor kleidete ich mich aus und legte mich auf das weiche Lager neben sie. Meine Leidenschaft war nicht zu übersehen. Und wie in den vorangegangenen Nächten gab sie sich völlig gleichgültig. Plötzlich gab ich vor, sehr müde zu sein. Ich gähnte und stellte mich darauf schlafend. Stunden vergingen; es war draußen immer noch dunkel, als ich auf die beiden Frauen sah! Sie schliefen beide fest.

Jetzt handelte ich rasch. Ich griff nach meinem Jagdmesser, beugte mich über das schlafende Mädchen und schnitt ein paar Strähnen von ihrem Haar ab. Ich verwahrte das Haar in meinem Lederbeutel und legte mich schlafen. Am Morgen ging es mir übler als je zuvor. Man peitschte mich mit Weidenruten aus und jagte mich aus der Hütte.

Noch einmal ging ich zu dem Medizinmann. Ich gab ihm den Lederbeutel. Sofort ging er damit in seine Hütte und kam lange Zeit nicht wieder heraus. Während ich wartete, hörte ich, wie er drinnen seine Trommel schlug und seine Zauberlieder sang. Dann kam er wieder heraus. Außer dem Lederbeutel, den ich mitgebracht hatte, trug er nun noch einen zweiten Beutel voller Bärenfett bei sich, er gab mir beide Beutel. Dann rieb er meine Schamteile mit dem Bärenfett ein. Kaum war das geschehen, da schlug er mir, sehr zu meinem Erstaunen, mit einem heftigen Schlag seiner Hand, meinen Penis ab und steckte ihn in den Lederbeutel.

Er hängte mir beide Beutel um den Hals und sagte dann: »Blauer Himmel, wenn es Nacht wird, öffne den Beutel, in dem dein Penis steckt, und streue ein paar Haare von Powomis darüber. Die Geister, über die ich gebiete, werden dir dann helfen, ans Ziel deiner Wünsche zu gelangen. Aber sei vorsichtig, mehr als dreimal darfst du sie nicht zu Hilfe rufen, sonst verliert der Zauber seine Wirkung. Ehe der Mond voll ist, komm noch einmal bei mir vorbei.«

In dieser Nacht stand ich am Eingang der Hütte. Ich öffnete den Beutel, in dem mein Penis steckte, und ließ etwas von Powomis Haar hineinfallen. Sobald das geschehen war, begann der Beutel zu wackeln und sich zu bewegen. Zuerst schaute der Kopf heraus, der Schaft folgte und bald der ganze Penis. Zuvor, im Beutel, hatte er ganz unscheinbar ausgesehen. Jetzt aber war es, als habe ihm etwas Eigenleben verliehen. Ich sah voller

Erstaunen, wie er wuchs, wie er größer und größer wurde, wie der Sack nicht mehr groß genug war, um ihn zu halten.
Plötzlich sprang er aus dem Sack und fuhr mit einem pfeifenden Laut über den Bach, durch einen Busch. Er kam ins Dorf zurück, sauste über eine Koppel Hunde hin, die erschreckt aufheulten und nach allen Richtungen auseinanderstoben.
Er näherte sich Powomis Zelt. Er schlug ein Loch in die Zeltbahn aus Leder und flog straks auf das nackte Mädchen zu und grub sich tief in ihre Scham ein. Dort fand der mächtige Penis einen Rastplatz, an dem es ihm wohl war. Sofort begann er wie wild zu werken. Er bewegte sich auf und nieder und bohrte sich mit der Zeit immer tiefer, bis nichts mehr von ihm zu sehen war.
Plötzlich schrie Powomis erschreckt auf. Alle in der Hütte wurden wach. Die alte Frau schaute nach Powomis, die ganz erregt und schweißgebadet war. Aber nichts war zu sehen, was als Ursache für ihr seltsames Benehmen hätte gelten können, und es schien auch nicht so, als ob sie Schmerzen habe. Die alte Frau sagte sich, Powomis müsse wohl einen schlechten Traum gehabt haben, drehte sich auf die andere Seite und schlief weiter.
Unterdessen hatte der mächtige Penis nicht aufgehört zu werken. Auf und ab fuhr er, und bald genug überkam Powomis eine ihr bis dahin unbekannte Empfindung, die ihr aber recht angenehm dünkte. Zittern überkam sie. Sie stöhnte und preßte die Beine fest zusammen. Plötzlich wurde ihr Körper wie steif, und dann brach die Spannung zusammen, und eine Art Bewußtlosigkeit überkam sie.
Gegen Morgen war der große Penis ganz klein geworden. Er schlüpfte aus Powomis' nunmehr ausgeweitetem Löchlein. Sehr langsam, wie taumelnd, flog er zu dem Ledersäckchen zurück, das um meinen Hals hing. Ich verwahrte das Säckchen wohl und schickte mich dann an zu schlafen.
Am nächsten Abend schnürte ich den kleinen Sack wieder auf und ließ wieder etwas von Powomis Haar hineinfallen. Der mächtige Zauber wirkte wie in der Nacht zuvor. Mein Penis schwoll mächtig an und flog geradewegs zu Powomis. Abermals weckte das Mädchen mit ihrem Stöhnen und ihren kleinen Schreien die Mitbewohner der Hütte. Die alte Frau war zwar erstaunt über ihr Benehmen, fand aber nichts Beunruhigendes und schlief bald darauf weiter.
In der dritten Nacht schlief Powomis gar nicht erst ein. Begierig

wartete sie auf den geheimnisvollen Fremden, dessen Tun ihr solches Vergnügen bereitete. Sie wartete nicht vergeblich. Einmal mehr fuhr der mächtige Penis in ihr Löchlein und fuhrwerkte dort herum. Sobald Powomis seine Anwesenheit spürte, gab sie ihm die verrücktesten Kosenamen, umfaßte ihn fest mit ihren Beinen, und sehr bald war sie so erregt, daß sie sich warf, zitterte und schrie. Von all dem Geräusch erwachten die anderen in der Hütte. Sie sahen hin, erstaunt, wußten aber nicht, was sie tun sollten. Powomis wand sich und zuckte auf ihrem Fellager. Sie stieß Worte hervor, die aber scheinbar an niemanden gerichtet waren. Plötzlich wurde der Körper des Mädchens starr, und nachdem sie einen Laut ausgestoßen hatte, der wie ein Seufzer der Erleichterung klang, schlief sie ein. Das Mädchen müsse krank sein, meinten die anderen, und am Morgen gaben sie Powomis von heilenden Kräutern zu essen.

Alle waren sehr erleichtert, als in der nächsten Nacht kein Lärm ihren Schlaf störte. Powomis lag ruhig auf ihrem Lager, aber sie schlief nicht. Die ganze Nacht wartete sie voller Verlangen, daß der seltsame Besucher wiederkommen möge. Leise flüsterte sie die Kosenamen, die sie ihm gegeben hatte, aber alles war vergebens. Wie der Medizinmann mir geraten hatte, ließ ich ihn sicher verwahrt in seinem Beutel.

Am Morgen ging ich zum Medizinmann. Wieder begann er zu singen, tanzte um mich herum und schlug seine kleine Trommel. Er zog meinen Penis aus dem Beutel und setzte ihn mit einem geschickten Griff wieder an meinen Körper. Er rieb meine Schamteile mit Bärenfett, mit heiligem Sand und mit einer mächtigen Liebesmedizin ein. Ich zahlte ihm für seine Dienste und ging dann fort.

Ich wartete mehrere Nächte, bis der Mond voll war. Als er hoch am Himmel stand, ging ich wieder zu Powomis'Hütte. Ich zog mich aus und tat so, als wolle ich schlafen. Aber Powomis schlief nicht. Voller Ungeduld wartete sie auf den geheimnisvollen Fremden. Als sie sah, daß ich mich entkleidete und offensichtlich schlief, lehnte sie sich über die alte Frau und schaute zu mir herüber. Vorsichtig berührte sie mit einer Hand meinen Bauch. Mein Penis, der alles andere als eingeschlafen war, richtete sich heiß auf und schwoll an. Powomis wollte ihn um keinen Preis loslassen. Nachdem sie sich kurz flüsternd mit der alten Frau beraten hatte, kam sie zu mir herüber, gab mir Kosenamen und

fuhr fort, meinen Penis zu liebkosen. Ich konnte nicht länger so tun, als ob ich schliefe. Ich wandte mich um und vereinigte mich mit ihr.
Dies ist die Geschichte, wie Powomis mein wurde. Wir lebten glücklich viele Jahre zusammen. Jetzt bin ich alt. Bald werde ich euch alle verlassen, und wie der Dampf, der von diesen Steinen aufsteigt, wird mein Geist aufsteigen, dem großen Unbekannten entgegen, aber ich bin sicher: Ich werde Powomis dort finden, die auf mich wartet.

Nanabajou und seine Tochter

Blauer Himmel, wie du bin ich ein Mann, der aus der Vergangenheit lebt. Die Zeiten haben sich geändert. Es gibt jetzt zwei Wege, den alten und den neuen. Ach, könnten wir doch noch so leben wie in alter Zeit. Nein, das ist jetzt nicht mehr möglich. Wir sind nicht mehr eins mit dem Land. Jene Tage sind vergangen und werden nie mehr wiederkehren. Aber beschützt vom Geist der heiligen Hütte haben wir immer noch unsere Geschichten, Geschichten von unserem Volk und von längst vergangenen Zeiten.
Mit diesen Worten begann Brauner Adler, ein geachtetes Mitglied des Stammes, seine Geschichte:

Vor langer Zeit lebte einmal ein mächtiger Mann und erfahrener Medizinmann, der hieß Nanabajou. Er war ein tapferer Krieger, ein geschickter Jäger und berühmt für seine Magie. Er war der Schutzpatron der Medizingesellschaft, und so groß waren seine magischen Kräfte, daß er es fertigbrachte, sich in jede lebendige Kreatur zu verwandeln. Es war nur zu gut bekannt, daß er sein geheimes Wissen dazu einsetzte, sich seine selbstsüchtigen Wünsche zu erfüllen.
In jenen Tagen besaßen die mächtigen Häuptlinge mehrere Frauen. Nanabajou, der mächtigste unter ihnen, hatte zehn Frauen, sie waren den ganzen Tag ständig damit beschäftigt, für Nanabajous viele Kinder zu kochen, Häute zu gerben und Kleider zu nähen. Vor allem aber mußten sie sich zur Verfügung halten, wenn den Häuptling der Wunsch überkam, mit einer

Frau zu schlafen. Die schwere Arbeit, die sie bei Tage zu verrichten hatten, war gar nichts, gemessen an dem, was bei Nacht von ihnen verlangt wurde.

Das verdroß sie alle sehr und sie beklagten sich: »Nanabajou, mächtiger Häuptling, wie können wir dir und den Kindern Essen kochen, Kleider nähen und unsere Hütten in Ordnung halten, wenn wir Nacht für Nacht kein Auge zutun?«

Diese Beschwerden wiederum machten Nanabajou zornig, und er beschloß, ihnen einmal zu zeigen, wer der Herr sei. Er riß ein Haar aus seinem Skalp und zerschnitt es in neun Teile. Bei Nacht verbrannte er Kräuter zusammen mit einem Stück Haar und einem Tropfen Blut von seinem kleinen Finger. Durch diesen Zauber schuf er neun weitere Nanabajous. Man konnte sie vom dem echten Nanabajou nicht unterscheiden. Jeder hatte denselben sternförmigen Geburtsfleck auf seiner linken Hinterbacke. Die neun begaben sich auf der Stelle in die Hütten der neun Frauen, während Nanabajou in die zehnte Hütte ging, was bedeutete, daß von nun an er nicht einmal hier und dann dort schlief. Vielmehr gab es nun einen Mann für jede der Frauen in jeder Nacht. Am Morgen krochen denn auch zehn zerschlagene Weiber aus den Hütten hervor, während er noch schlief und schnarchte.

»Er mag ein mächtiger Häuptling sein«, riefen sie, »deswegen werden wir ihn jetzt doch aufwecken.«

Und das taten sie auch. Groß aber war die Verwirrung, als jede von ihnen behauptete, er habe gerade mit ihr diese Nacht allein verbracht.

»Meine Frauen müssen verrückt geworden sein«, sagte Nanabajou und verließ die Hütte mit geheucheltem Ekel auf seinem Gesicht.

Es war ein heißer Tag, und er beschloß, sich in der Nähe des Sees etwas abzukühlen. Als er näher ans Wasser heran kam, hörte er jemanden im Wasser platschen. Vorsichtig schaute er hinter einem Baum hervor und sah, wie sich seine älteste Tochter beim Baden vergnügte. Der Anblick erstaunte ihn, denn er hatte sie nie zuvor nackt zu Gesicht bekommen. Er stellte fest, daß sie schon recht erwachsen geworden war und schön dazu. »Die könnte schon mit einem Mann schlafen. Und wahrlich, keiner verdient sie mehr als ich. Ich muß ein Auge auf sie haben, um sie vor den lüsternen Kerlen in unserem Dorf zu schützen.«

So war Nanabajou zu seiner ältesten Tochter aufmerksam und

freundlich. Aber mit seinen zehn Frauen, die er ständig um sich hatte, war es etwas schwierig, die Annäherung weiter voranzutreiben, ohne daß jemand Verdacht geschöpft hätte. Je häufiger er an seine Tochter dachte, desto weniger gefiel es ihm, mit seinen Frauen zu schlafen. Als er dann gar nicht mehr zu ihnen ging, beklagten sie sich, wie sie sich zuvor darüber beklagt hatten, daß er zu häufig zu ihnen gekommen war. Eines Tages nun verwandelte er sich in eine Seemöve, um seiner Tochter zuzuschauen, während sie im See badete. Während er um das Mädchen herumschwamm, sträubten sich ihm die Federn vor Erregung – aber was konnte Nanabajou als Möve schon tun?
Also verwandelte er sich in der Nacht in eine Raupe und ging aus seiner Hütte dorthin, wo das Mädchen schlief. Er kroch ihr Bein hoch, kroch über ihren Bauch und verharrte zwischen ihren warmen Brüsten. Er hatte es sich dort gerade wohl sein lassen, als das Mädchen erwachte, die Raupe aufnahm und sie aus der Hütte warf. Am Morgen war Nanabajou ganz zerschlagen und lahmte auf einem Bein.
»Er ist gestürzt, als er einem Reh nachsetzte«, sagten seine zehn Frauen. Also massierten sie ihm den Rücken, rieben ihn mit Bärenfett ab, hüllten ihn in Decken und legten heiße Steine darauf. Am Abend hatte er keine Schmerzen mehr.
In dieser Nacht verwandelte sich Nanabajou in ein Kaninchen. Er hoppelte über seine schlafende Tochter, und davon erwachte sie. Als sie das hübsche Kaninchen sah, ließ sie es seinen flauschigen Körper an sie schmiegen. Das Kaninchen ließ sich auf ihr nieder und leckte mit seiner rosa Zunge ihre Brüste. Nanabajou wurde so erregt, daß er über den Körper des Mädchens hinauf und hinunter laufen wollte – aber was konnte Nanabajou schon tun in der Gestalt eines Kaninchens?
Am Morgen, als das Mädchen noch schlief, sah einer von Nanabajous Söhnen das Kaninchen in der Hütte herumspringen. Er griff es an seinen langen Löffeln und schickte sich an, es für das Frühstück abzuhäuten. Nanabajou brachte es gerade noch fertig, sich dem Zugriff des Jungen zu entwinden und aus der Hütte zu entkommen. Draußen nahm er wieder menschliche Gestalt an. Aber sein Kopf war wund, er hatte ein blaues Auge, seine Ohren waren geschwollen.
An diesem Abend fühlte er sich krank und wälzte sich mit großen Schmerzen auf dem Boden. Schaum stand ihm vor dem Mund,

und allmählich wurde er immer schwächer. Alle Anstrengungen der Medizinmänner aus der geheimen Medizingesellschaft waren vergeblich. Sie sangen kraftvolle Zauberlieder, um dem bösen Fluch entgegenzuwirken, der in Nanabajous Schädel gefahren war. Sie schlugen ihre Trommeln und versuchten, mit hohlen Bärenknochen die Krankheit aus seinem Kopf zu saugen. Aber alles war vergebens. In ein paar Stunden hingen Nanabajous Hände wie welk herab, seine Augen waren geschlossen, er atmete nicht mehr.

Ein großes Wehklagen erhob sich im Dorf. Der große Nanabajou war tot. Seine zehn Frauen schnitten sich zum Zeichen ihrer Trauer die Haare ab. Nanabajou wurde in sein schönstes Gewand gesteckt und mit Bändern aus Birkenrinde mitsamt seiner Jagdausrüstung und all seinen Trophäen auf einem hohen Schafott festgebunden. Vier Tage und vier Nächte klagten seine Frauen, seine Kinder, seine Verwandten. Danach kehrten sie in ihre Hütten zurück und ließen Nanabajous Leichnam auf der einsamen Prärie zurück.

Mehrere Tage später kamen Jäger aus dem Dorf an der Stelle vorbei, an der das Gestell mit der Leiche stand. Sie waren sehr bestürzt, als sie Blutspuren an dem Leichengestell entdeckten. Nanabajous Buckskins waren in Fetzen zerrissen, seine Waffen und Trophäen verstreut. In dem weichen Boden sah man Bärenspuren. Offenbar hatte ein Bär die Leiche des großen Häuptlings aufgefressen.

Die Jäger eilten ins Dorf zurück und erzählten dort, was sie gesehen hatten. Die weisen Männer der geheimen Medizingesellschaft hörten zu, schwiegen und machten ein ernstes Gesicht. Der böse Zauber, der in Nanabajou gefahren war, mußte wirklich sehr mächtig sein. Kein Wunder, daß selbst die stärkste Medizin ihn nicht hatte von diesem schrecklichen Fluch erlösen können, durch den nicht nur sein Geist getötet wurde, sondern nun auch noch seine Leiche verstümmelt worden war.

Mehrere Monate nach Nanabajous überraschendem Tod kam ein junger Fremder ins Dorf. Er sah gut aus. Seine scharfen, dunklen Gesichtszüge und sein langes schwarzes Haar hoben sich scharf von seiner Kleidung aus weißem Wildleder ab. Er trug den schönsten Wildlederanzug, den man im Dorf je gesehen hatte. Der gutaussehende Fremde bat um ein Nachtquartier. Er war weit gereist. Alle zehn Witwen Nanabajous luden ihn in ihre

Hütten ein. Nach kurzem Bedenken nahm der Fremde die Einladung der einen Frau an, eben jener, deren Tochter Nanabajou so in die Augen gestochen hatte.
Man tischte ihm Caribou-Zunge und Leber auf, und die Tochter der Witwe bediente ihn beim Essen. Der Fremde war höflich zu seiner Gastgeberin, aber die junge Frau ließ er nicht aus den Augen. Dem Mädchen fielen die Blicke, die der Fremde ihr zuwarf, auf. Sie erkannte, daß er offensichtlich verliebt in sie war. Obwohl kein Wort zwischen ihnen gesprochen wurde, gab sie ihm vorsichtig zu verstehen, daß sie seine Zuneigung erwidere. Wenn sie sich auch nach außen hin so gab, war sie alles andere als ruhig. Ihr Herz klopfte, sie fühlte Hitze in ihrem Körper, wann immer sie ihm nahe kam. Als er gegessen hatte, dankte der Fremde der Witwe. Um das Mädchen schien er sich weiter nicht zu kümmern. Er streckte sich, gähnte, zog sich dann in eine Ecke der Hütte zurück. Dort deckte er sich mit Fellen zu und war bald eingeschlafen.
Als der Mond ganz voll war und das Feuer in der Hütte heruntergebrannt, wachte der jüngste Sohn der Witwe auf und ging hinaus, um sein Wasser abzuschlagen. Als er zurückkam, vernahm er von der Stelle her, an der seine Schwester lag, seltsame Geräusche. Er schlich sich auf Zehenspitzen heran, um zu schauen, was da los sei. Zu seinem Erstaunen sah er, wie der Fremde mit seiner Schwester rang und sie niederhielt. Sie stöhnte und schrie unterdrückt, während der Fremde auf ihren nackten Hintern eindrosch. Aber trotz dieser unsanften Behandlung schien das Mädchen vor Vergnügen zu gurren. Sie umarmte den Fremden und redete liebevoll auf ihn ein.
Der Junge lief zu seiner Mutter und weckte sie. Er flüsterte ihr ins Ohr: »Komm schnell und schau, was mit meiner Schwester geschieht. Der Fremde schlägt sie. Sie muß ihn sehr zornig gemacht haben, daß er sie so behandelt.«
Die Witwe Nanabajous ging nachsehen. Ihre älteste Tochter konnte sie kaum erkennen, aber getaucht ins Licht des vollen Mondes, sah sie, wie jener berühmt-berüchtigte Hintern mit dem sternförmigen Geburtsmal sich auf und nieder bewegte. Vorsichtig schlich sie sich von dem schwer atmenden und in ihr Liebesspiel vertieften Paar davon und rief die anderen Frauen zusammen. Die bewaffneten sich mit Keulen und umstellten Nanabajou. Auf ein Zeichen stießen sie alle einen grellen Schrei

aus, der ihn aus seinem Vergnügen riß. Ehe er recht wußte, wie ihm geschah, hatten sie ihm mit ihren Keulen eine tüchtige Tracht Prügel verabreicht.
Nanabajou gelang es mit knapper Not, sich in die Wälder zu retten. Kleider hatte er in der Eile nicht mitnehmen können, und er schlotterte vor Kälte.
»So etwas muß mir passieren, mir, einem mächtigen Häuptling«, murmelte er. »Wer hätte das gedacht? Ach, sie haben mich mit ihren Keulen wirklich fast zu Tode gedroschen.«
Und bei diesen Worten, wund und schlotternd, verschwand er in den Wäldern und ward nie mehr gesehen.

Der Große und die Frau mit der schlechten Medizin

Die nackten Männer schwitzten. Wieder wurde Wasser über die heißen Steine gegossen. Bald war die Schwitzhütte voller dichtem weißem Dampf, der ihre Nacktheit verbarg. Für eine Weile hörte man nur ein Murmeln. Dann erzwang die mächtige Stimme von Ein-Auge aller Aufmerksamkeit: »Brüder, auch ihr habt gewiß schon erlebt, wie es einem Mann zu Mute ist, wenn er nicht länger ein Mann ist. Ja wahrlich, der Penis ist der Stab des Lebens, der Kern unserer Stärke. Weise war der große Manitou, als er den Mann schuf und ihm einen Penis gab, denn dadurch ist gewährleistet, daß unsere Träume fortdauern in der Zeit ohne Ende. Hört auf die Geschichte meines Großvaters, den sie den Großen nannten, und der Frau mit der bösen Medizin, die versuchte, ihn zu vernichten.

Vor langer, langer Zeit lebte mein Großvater, der Große, in einer einsamen Hütte am Ufer des Sees bei seinen Eltern und seinem älteren Bruder. Eines Tages sagte der Bruder zu den Eltern: »Ich bin hier ganz allein. Ich bin einsam. Die Zeit ist für mich gekommen, um in die Welt zu gehen und mir eine Frau zu suchen.«
Nachdem er sie von seinen Absichten unterrichtet hatte, packte er seine Habseligkeiten zusammen und gab den Zauberschmuck mit dem Rabenkopf dem Großen.
Ehe er abfuhr, nahm er seinen Bruder beiseite und sagte: »Wenn

mir irgend etwas zustoßen sollte, wird dir der Rabenkopf ein Zeichen geben. Dann mußt du meine Spur verfolgen.«
Er fuhr ab, und für viele Monate hörte man nichts mehr von ihm.
Eines Nachts hatte der Große eine Vision. In seinem Traum sah er einen großen schwarzen Raben, der einen Penis im Schnabel trug. Während er über einen See flog, krächzte der Rabe, ließ den Penis fallen, und er verschwand im Wasser.
Der Rabe tauchte nicht in den See hinunter, um wiederzuholen, was er da verloren hatte, vielmehr stieg das Wasser höher, als der Vogel flog, und so konnte ihn der Große in seinem Traum nicht mehr erkennen.
Er erwachte. Er war ganz sicher, daß sein Bruder tot war und daß es seine Pflicht sei, ihn zu rächen. Wie zuvor sein Bruder, packte auch er seine Habseligkeiten in ein Kanu, verabschiedete sich von seinen Eltern und fuhr ab.
Er reiste viele Wochen, ohne jemanden zu treffen, bis er einen großen See erreichte. Er war mehr als glücklich, als er entdeckte, daß hoch über dem Ufer eine Hütte stand. Er zog sein Kanu auf den Strand, ging zu dieser Hütte hin und traf dort ein schönes Mädchen. Müde von der langen Reise bat er darum, sich eine Weile ausruhen zu dürfen. Das junge Mädchen hieß ihn willkommen und sagte, er könne gern bei ihr bleiben.
Während der Nacht spürte der Große, daß sich neben ihm etwas rührte. Es war das junge Mädchen. Sie berührte seine Wange und fuhr dann mit ihren Fingerspitzen über seinen Körper hin. Er verspürte dabei etwas, das er nie zuvor verspürt hatte. Seine Verwirrung wuchs, als das Mädchen sich mit gespreizten Beinen auf seinen Leib setzte. Während sie fortfuhr mit ihren Zärtlichkeiten, bemerkte der Große zu seinem Erstaunen, daß ihm ein drittes Bein gewachsen war. Jedenfalls kam ihm das so vor. Dieses dritte Bein war hinderlich, es war im Weg zwischen ihm und dem schönen Mädchen. Er wußte gar nicht recht, was er tun sollte. Er schämte sich. Aber plötzlich beugte sich das Mädchen, das immer noch auf ihm saß, in einer Weise vor, daß das dritte Bein für ihn nicht mehr zu sehen war. Das Mädchen hatte es verschluckt. Sie fuhr mit ihren Liebkosungen fort, und der Große spürte Schauder von Lust.
Im Laufe der Nacht lernte der Große erstaunlich rasch jenes Spiel zu spielen, an dem Männer und Frauen gemeinsam ihr Vergnügen haben, wenn es recht gespielt wird. Es stellte sich

heraus, daß er nicht von ungefähr »der Große« hieß. Tatsächlich war sein drittes Bein das größte seiner Art, welches das Mädchen je zu Gesicht bekommen hatte. Sie war völlig verrückt nach ihm und seinem Extra-Bein, aus dem sie beide für ihr Spiel guten Nutzen zogen.

Eines Tages, als sie sich liebten, hörte man ein Geräusch vor der Hütte. Die Tür ging auf, und herein kam eine junge Frau, die Schwester des Mädchens. Sie war die schönste Frau, die der Große je zu Gesicht bekommen hatte. Hastig ließ der Große das Mädchen los und starrte mit offenen Mund die Neue an. Im Nu war er in sie verliebt. Um aber die Gefühle des jüngeren Mädchens nicht zu verletzen, verlegte er sich darauf zu warten. Aber er konnte nicht verbergen, wie es um ihn stand. Wo immer sie hinging, er folgte ihr mit seinen Blicken. Er las ihr jede Bitte von den Augen ab, brachte ihr Essen und Wasser. Die jüngere Schwester merkte freilich, was da vorging. Sie fühlte sich einsam und unglücklich und beklagte sich darüber, daß er sich nicht mehr um sie kümmerte, aber darauf hörte er nicht. Endlich brach es aus ihr heraus: »Warte nur, meine Schwester ist eine Hexe. Wenn du sie liebst, ist das dein Ende.«

Darauf hörte der Große aber nicht. Er sagte sich: »Ach was, das Mädchen ist eifersüchtig. Sie will mich nur nicht verlieren. Pah, ich wünschte, ich wäre sie los und könnte das Spiel zwischen Mann und Weib mit der anderen spielen.«

Eines Tages war das jüngere Mädchen fortgegangen. Da sagte er zu ihrer Schwester: »Heute ist günstiges Wetter. Komm, wir wollen zusammen fischen gehen.« Sie war einverstanden, sie fuhren mit dem Kanu hinaus auf den See und fingen viele Fische. Als sie weit vom Ufer entfernt waren, erinnerte sich der Große daran, daß er den See schon irgendwo einmal gesehen hatte, aber da das schöne Mädchen bei ihm war, dachte er darüber nicht weiter nach.

Plötzlich, ohne Warnung, begann der See, dessen Wasserfläche glatt und still dagelegen hatte, zu rumoren. Gewaltige Wellen türmten sich auf, und das Kanu wurde nur so hin und her geworfen. Das seltsame dabei war, daß kein Wind ging und daß die Sonne am Himmel stand. Die Geister des Raben und der Penis seines Bruders versuchten, den Großen zu warnen, aber der war so verliebt in das Mädchen neben sich, daß er die Warnung nicht begriff. Er hatte alle Mühe, im Kanu nicht die Balance zu verlieren. Er wurde hin und her geworfen, das Boot kenterte fast, aber seltsamerweise saß seine Begleiterin ganz ruhig und bequem da. Selbst die größten Wellen schienen ihr nichts anhaben zu können.

Als sie nun an Land gingen, besah sich der Große das Brett, auf dem das Mädchen gesessen hatte. Sehr zu seinem Erstaunen entdeckte er in der Mitte des Brettes ein Loch, das aussah, als habe man dort mit eisernen Stacheln hineingestochen. Da fiel ihm die Warnung der jüngeren Schwester wieder ein und gleich darauf auch seine Traumvision mit dem Raben, und er verfluchte sich wegen seiner Torheit.

Er setzte sich neben das Mädchen und nahm sie in seine Arme. »Ich will dich spüren«, flüsterte er ihr ins Ohr. Das Mädchen schien damit ganz einverstanden zu sein. Bald lag sie nackt auf dem Boden, und der Große fuhr mit seinen Händen über ihren Körper, bis sie vor Lust ganz außer sich geriet. Er kniete sich über ihr nieder. Sie öffnete ihre Schenkel, um seinen mächtig angeschwollenen Penis in sich aufzunehmen. Aber sie schloß dabei die Augen. Da griff er nach dem Paddel und stieß es ihr tief in den Leib. Er hörte ein schreckliches, krachendes Geräusch, aber als er den Griff des Paddels wieder herauszog, fielen aus ihren Schamteilen Zähne herab. Wütend schrie sie auf, aber er hielt sie am Hals fest. Es war ihm klar, daß diese Zähne, die jetzt auf der Erde lagen, ihn hatten töten sollen, wie sie zuvor seinen Bruder getötet hatten.

Der Große hob einen Felsbrocken auf und erschlug damit die Frau mit der schlechten Medizin, die mit ihren Zähnen in der Vagina die Männer mordete.

Er kehrte zu der Hütte zurück. Das andere Mädchen liebte ihn, und er blieb mit ihr viele Jahre zusammen. Sie hatten eine Tochter.

Eines Tages saß der Große mit seiner Frau und seiner Tochter zusammen, da sah er, wie das kleine Mädchen eine Nuß nahm und sie unter sich schob. Dann hörte man ein Krachen, und die Nuß fiel aufgebrochen zu Boden. Erstaunt sah der Große dem kleinen Mädchen zu. Wieder nahm eine eine Nuß und öffnete deren Schale auf diese Weise. Die Eltern gingen der Sache nach und entdeckten, daß das kleine Mädchen eine Reihe scharfer kleiner Zähne in ihrer Vagina hatte. Der Große zögerte nicht. Er tötete sein Kind.

Er war traurig deswegen. Aber es blieb ihm keine andere Wahl. Seine Schutzmedizin, die ihm der ältere Bruder gegeben hatte, verriet ihm, daß der Fluch der Frau mit der bösen Medizin auch auf dem kleinen Mädchen ruhte.

»All dies geschah vor langer, langer Zeit. Seither hat sich vieles geändert«, sagte Ein-Auge, als er die Geschichte abgeschlossen hatte, »aber Brüder«, so fügte er hinzu, »ihr tut dennoch gut daran, dann und wann euch an diese Geschichte zu erinnern – der Feinde des Mannes, die ihn um seinen Verstand und um seine Stärke zu bringen trachten, sind viele!«

HELDEN, SCHELME, ABENTEURER

Die Abenteuer des Wisakedjak

Es gibt bei den Cree-Indianern ein altes Sprichwort, das besagt, wer Geschichten über Wisakedjak erzähle, werde sehr sehr alt. Diese Geschichten finden bei den Zuhörern immer Beifall, ob es sich nun um Kinder, Eltern oder Großeltern handelt.
Der Indianer, der das folgende Märchen erzählte, sagte am Ende: »Es geht weiter und weiter.« Episoden, die in dieser Geschichte auftauchen, finden sich auch in den Märchen der Biber und der Chipewyan-Stämme, Geschichten mit ähnlichen Handlungselementen, aber einem Coyoten als Helden, kennen die Nez Percé im Nordwesten der USA.

All unsere Geschichten handeln von einem Wesen, das ein Geist war in der Form eines menschlichen Wesens. Er war das erste Wesen, als die Welt geschaffen wurde. Also war er älter als all die Tiere und all die Pflanzen auf der Welt, alle Dinge waren seine jüngeren Brüder. Er konnte zu den Tieren, den Vögeln, den Fischen und Insekten, zu Wasser und Wind, Bäumen und Felsen reden. Zu allem und jedem eben. Und er verstand, was die Wesen und Dinge antworteten.

Wir nennen ihn Wisakedjak.

Eines Tages, als Wisakedjak an einem kleinen Fluß entlanglief, sah er eine Familie von Präriehühnern, noch sehr jung waren sie.

»Kleine Brüder«, rief er sie an, »wie heißt ihr?«

»Präriehühner«, antworteten sie.

»Aber alles hat zwei Namen«, sagte Wisakedjak, »wie ist eurer anderer Name?«

»Unser anderer Name lautet Wir-erschrecken-die-Leute-unerwartet«, antworteten die Präriehühner.

»Ha. Wen könnt ihr schon erschrecken?« sagte er. »Dazu seid ihr doch viel zu klein.«

Nachdem er sie noch etwas weiter geneckt hatte, ging Wisakedjak weiter am Bach entlang. Als ihre Mutter heimkam, erzählten ihr die Kinder, daß sie Wisakedjak getroffen hatten und daß er zu ihnen gesagt habe, klein wie sie seien, könnten sie doch wohl kaum jemanden erschrecken.

»Das wollen wir sehen«, sagte die Mutter der Vögel. Sie ging umher und versammelte um sich alle Präriehühner, die sie finden konnte. Die Kinder erzählten ihnen, was Wisakedjak ihnen gesagt hatte.

»Wisakedjak geht da am Bach entlang«, sagte die Mutter zu der Gruppe, »irgendwo wird er versuchen, über den Bach zu springen. Viermal wird er Anlauf nehmen. Beim vierten Mal wird er zu springen versuchen. Dann wird jeder von euch aus seinem Versteck hervorflattern.«

Die Präriehühner flogen rasch davon und verbargen sich an der Stelle, die ihnen die Mutter bezeichnet hatte. Bald kam Wisakedjak seines Weges.

»Wenn da drüben ein hübsches Mädchen stände«, hörten ihn die Vögel zu sich sagen, »würde ich über den Bach springen.«

Dreimal schaute er über den breiten Bach, dreimal schickte er sich an zu springen, und dreimal getraute er sich nicht. Beim vierten Mal aber sprang er. Kaum hatten seine Füße den Boden verlassen, da flatterten die Präriehühner aus ihren Verstecken, schlugen mit den Flügeln und kreischten. Darüber erschrak Wisakedjak so sehr, daß er ins Wasser fiel.

»Können keinen erschrecken! Können keinen erschrecken! Können keinen erschrecken!« riefen die Präriehühner ihm zu, als sie fortflogen.

Wisakedjak trocknete sich ab und ging weiter, bis er an einen See kam. Dort sah er einen großen Schwarm Vögel, Vögel, die sowohl auf dem Land als auch auf dem Wasser leben. Es waren Enten.

»Ich möchte, daß ihr für mich tanzt«, sagte er zu ihnen.

An einem Ende des Sees baute er aus Ästen und Binsen ein Tanzzelt, das hatte eine ganz kleine Tür. Er lud die Vögel ein hereinzukommen, und dann begann er zu trommeln und zu singen. Er stand in der Mitte des Zeltes, und sie tanzten im Kreis um ihn herum.

Nach ein paar Runden sagte er: »Für den nächsten Tanz will ich, daß ihr alle eure Augen schließt.«

Also tanzten sie um ihn herum mit geschlossenen Augen. Wann immer eine fette Ente herankam, packte Wisakedjak sie und drehte ihr den Hals um und legte sie hinter sich. Auf diese Weise bekam er einen ganzen Stapel hübscher fetter Enten.

»Etwas später gibt das ein gutes Essen«, sagte er zu sich selbst.

Aber ein Vogel machte das eine Auge auf und sah, was sich da abspielte. Er rief den anderen zu: »Unser älterer Bruder bringt uns um. Macht die Augen auf.«

Da öffneten alle die Augen und stürmten zur Tür. Wisakedjak machte ein großes Feuer, um die Vögel auf der glühenden Kohle zu rösten. Als er sie in die Glut legte, machte er das so, daß nur noch ihre Füße hervorschauten. Nichts als ihre Füße waren von ihnen zu sehen.

»Ich will ein Nickerchen machen, während sie gar werden«, sagte er bei sich, »wenn ich aufwache, gibt's ein gutes Essen.«

Also legte er sich hin und schlief ein. Nach einer Weile wachte er auf, und als er die Augen aufschlug, sah er, daß nahe bei ihm ein Tier stand. Zu dieser Zeit hatten die Tiere noch keine Namen.

»Junger Bruder«, sprach Wisakedjak, »ich brate hier Enten für ein gutes Essen. Das Fleisch ist bald gar. Wenn du mitessen willst, mußt du zuerst mit mir einen Wettlauf machen. Wir laufen um den See herum. Der eine läuft in die eine, der andere in die entgegengesetzte Richtung. Wenn du vor mir am Feuer bist, laß ich dich mitessen. Bin aber ich zuerst hier, dann darfst du mir zusehen.«

»Einverstanden«, sagte das Tier.

Das Rennen begann, jeder lief in eine andere Richtung. Das Tier aber lief nur ein kurzes Stück. Dann versteckte es sich unter einigen Büschen, und nach einer Weile kehrte es um und setzte sich vor das Feuer. Es zog einen Vogel aus der Glut, um zu schauen, ob er schon gar sei. Und als er so recht knusprig ausschaute, konnte es nicht wiederstehen und fraß ihn auf. Es zog noch eine Ente heraus und fraß sie. Es fraß, so schnell es konnte, bis alle Enten verspeist waren. Aber die Füße und Beine ließ es übrig und steckte sie wieder in die Asche. Dann ging es zu den Büschen und versteckte sich dort wieder.
Unterdessen rannte Wisakedjak so schnell er konnte. Da er nicht in das Gebüsch hineinlief, sah er das Tier nicht.
Er lief schneller und schneller, denn er wollte als erster am Feuer zurück sein.
Als er das Feuer erreichte, sah er, daß die Füße der Vögel noch hervorragten. Alles schien so, wie er es verlassen hatte.
»Ich denke, mein jüngerer Bruder ist noch nicht hier«, sagte er zufrieden, »ich will mit dem Essen schon einmal anfangen.«
Er griff nach einem Paar Füßen und zog daran. Aber nur Füße und Beine kamen aus der Asche.
»Der Vogel muß verbrannt sein«, sagte er sich, »wahrscheinlich habe ich zu lange geschlafen.«
Er zog noch ein Paar Füße aus dem Feuer. Und noch ein Paar. Er ging um das Feuer herum, und überall zog er nichts heraus als Füße und Beine. Nur an den letzten beiden war noch etwas Fleisch dran. Da wußte Wisakedjak, daß das Tier ihn betrogen hatte.
»Komm aus den Büschen hervor«, rief er.
Dann sagte Wisakedjak zu dem Tier: »In Zukunft, wenn meine Brüder, die menschlichen Wesen auf diese Erde kommen, werden sie dich den Fuchs nennen. Die Leute werden von dir sagen: Ein schlauer Fuchs.«
Es war der Silberfuchs, der ihn hereingelegt hatte. Das war der Anfang von der Benennung der Dinge. Wisakedjak gab allen Tieren und Vögeln Namen, allen Fischen und Insekten – eben allem. Und als er ihnen Namen gab, erklärte er ihnen auch, wie sie leben und sich gegen ihre Feinde schützen sollten. Er sagte den Fischen, sie sollten im Wasser leben und vor ihren Feinden davonschwimmen. Er sagte den Enten, sie sollten sowohl auf dem Land als auch im Wasser leben.
»Ihr könnt nicht schnell schwimmen oder rennen«, sagte er

ihnen, »aber ihr könnt rasch in die Luft aufsteigen. Der Fuchs wird euch nicht fangen können.« Er gab dem Reh seinen weißen Schwanz und sagte ihm, daß es immer schnell werde rennen können. Er sagte dem Bär, daß er auf Bäume klettern oder sich in einer Höhle verstecken kann. Er lehrte das Kaninchen so dazusitzen, als sei es erfroren und so, daß es fast unsichtbar ist. Der Bergziege gab er einen Mantel so weiß wie der Schnee in den Bergen. So verlieh Wisakedjak als erster den Geschöpfen Fähigkeiten, um sich gegen Angriffe zu schützen.

»Bald werden viele Geschöpfe, wie ich eines bin, da sein«, sagte er den Tieren, »man wird sie Menschen nennen. Sie werden ihre Nahrung von euch, meinen jüngeren Brüdern, bekommen. Ich gebe euch jetzt Gelegenheit, darüber zu entscheiden, was ihr den Menschen sein werdet und wo ihr sie finden könnt.«

Die Geschöpfe dachten eine Weile nach und sprachen eine Weile miteinander, um sich zu entscheiden, wo sie leben wollten.

»Diese neuen Leute werden immer nahe den Orten sein, an denen ihr Schutz sucht«, fuhr Wisakedjak fort, »sie werden nahe den Wäldern leben, in den Gebirgen, aber immer in Reichweite von Wasser. Das bedeutet: auch immer in Reichweite von euch, meine Brüder. Um Mittsommer wird sie ein Gefühl überkommen, und sie werden in die Prärien wandern wollen. Sie werden dort hingehen, um sich weiches Fleisch zu holen. Später werden die Vögel schwer zu fangen sein. Um diese Zeit werden die Beeren und Früchte reif sein, und die Menschen werden sie ernten und trocknen, um sie für den Winter aufzuheben. Und dann werden sie wieder in die Wälder zurückkehren.«

»Die Menschen werden kommen. Dagegen ist nichts zu machen«, fuhr der ältere Bruder fort, »ihr werdet ihnen Brennmaterial, Fleisch oder auf andere Weise Nahrung sein. Ihre werdet ihnen Kleidung und Schutz geben. Und nun sagt mir, welcher Nutzen ihr für die neuen Leute sein werdet und wo sie euch finden können. Ich muß ihnen das nämlich sagen, wenn sie kommen.«

»Ich möchte immer in ihrer Nähe wohnen«, sagte das Kaninchen, »ich will unter den Büschen leben. Ich will ihnen Fleisch geben, zartes Fleisch für ihre Kinder.«

»Ich will ihnen warme und bequeme Kleidung geben«, versprach der Bär.

»Ich will ihnen Kleidung, Fleisch und ein Haus geben, um darin zu wohnen«, sagte der Büffel, »sie können meine Haut für ein

Haus benutzen. Sie können meine Knochen und meine Hörner benutzen, um viele Dinge daraus zu machen.«
Dann meldete sich das Pferd. »Mich können die Menschen benutzen, um ihre Sachen von Lager zu Lager zu transportieren. Und sie können auf mir reiten. Ich willige ein, ihr Sklave zu werden.« Als das Pferd geredet hatte, fragte Wisakedjak die Geschöpfe: »Meine jüngeren Brüder, was wollt ihr tun, um euch vor den neuen Leuten zu schützen?«
»Ich will nicht, daß sie mich auf meinen Leib schlagen«, sagte das Kaninchen. »Wenn die neuen Leute mich schon töten, so sollen sie einen Stock nehmen und mich damit über den Schädel schlagen. Wenn sie mich aber so nicht töten, dann werde ich sie kratzen und sie mit meinen scharfen Knochen verletzen.«
So erklärten also alle Tiere ihrem älteren Bruder, wie die Menschen mit ihnen umgehen sollten.
Später kamen die Menschen.
Wisakedjak zeigte ihnen, wie man die ersten Wesen tötet und welchen Nutzen man von ihnen hat.
»Nun nehmt sie und nutzt sie, wie die Natur das geplant hat«, sagte er den neuen Leuten. »Aber ihr dürft mit ihnen nicht grausam sein, niemals. Ihr müßt eure Kinder lehren, wie man sie fängt, und die wiederum müssen es ihre Kinder lehren. Aber ihr sollt trotzdem mit Freundlichkeit mit ihnen umgehen.«
Unser älterer Bruder lehrte die Menschen auch, welche von den Wurzeln eßbar sind und welche Kräuter gegen Krankheiten etwas ausrichten. »Sie sind geschaffen worden, um zu helfen. Verschwendet sie nicht. Laßt immer einige Wurzeln übrig für die Ernte im nächsten Jahr. Grabt nie alle Wurzeln aus!«
Wisakedjak wollte, daß alles für immer so fortdauere, und dennoch sagte er das Kommen des Weißen Mannes voraus.
»Eine andere Art von Menschen wird kommen«, sprach er, »sie werden alle Büffel töten. Sie werden die zwölf Pflanzen vernichten, die am Rande des Gebirges wachsen. Sie werden sinnlos die Wälder abholzen.«
Und alles kam so, wie es unser älterer Bruder vorhergesagt hatte.
Wisakedjak ist jetzt sehr, sehr alt. Einige Leute sagen, als er das Land der Cree verließ, sei er zu einer Insel gegen die aufgehende Sonne hingegangen. Wenn man zum Ozean geht und nach Osten schaut, dann sieht man eine Insel. Wenn man dort hinfährt, sieht man eine zweite Insel, die noch weiter nach Osten

liegt. Auf dieser zweiten Insel lebt Wisakedjak heute. Aber wenn man dort landen würde, würde er sich verstecken. Er ist so alt, daß er nicht mehr so stattlich aussieht, und deshalb will er nicht, daß ihn jemand zu Gesicht bekommt.

Der ungeschickte Wirt

Der Schwarze Bär lud den Coyoten in seine unterirdische Wohnung ein. Er ging am nächsten Morgen hin und wurde auch von dem Bären freundlich aufgenommen. Der Bär gab ihm Beeren und andere Nahrung, was ihm sehr lieb war, denn er war nahezu am Verhungern. Nach einer Weile legte der Schwarze Bär noch Holz auf das Feuer und stellte vor die Feuerstelle eine Schüssel auf den Boden. Dann hielt er seine Finger nach unten vor die Lohe. Es dauerte nicht lange, da schmolz Fett von seinen Fingerspitzen ab und tropfte in die Schüssel am Boden, die innerhalb kürzester Zeit randvoll wurde. Der Bär nahm die Schüssel und stellte sie vor den Coyoten hin und forderte ihn auf, so viel von dem Fett zu schlecken, wie er wolle. Der Coyote schlug sich den Bauch voll, und dann sagte er, er wolle nun heimgehen. Für den nächsten Tag lud er den Bären in sein Haus ein.

In der Schüssel war noch etwas Fett. Er bat, den Rest mitnehmen zu dürfen. Er wolle es seiner Frau mitbringen, und die Schüssel könne der Bär ja am anderen Tag mitnehmen.

Zur rechten Zeit kam der Bär zu der Wohnung des Coyoten. Der Coyote setzte dem Bären kleine Fische vor, sagte aber dazu, sie seien ganz frisch, er habe sie eben von der Jagd mit heimgebracht. Nach einer Weile forderte der Coyote seine Frau auf, das Feuer zu schüren. Auch er wollte nämlich etwas Fett seinem Gast mitgeben. Er stellte, wie der Bär das getan hatte, eine Schüssel auf den Boden. Er hielt, genau wie er das beim Bären gesehen hatte, seine Pfoten vor die Lohe und wartete auf das Ergebnis.

Als nun kein Fett herabtropfte, ging er mit seinen Pfoten etwas näher heran. Er hielt sie so lange gegen das Feuer hin ausgestreckt, bis sie von der Hitze ganz schrumpelig wurden, aber immer noch tropfte kein Fett herab. Seine Pfoten waren fast schon zu einem Ball zusammengeschrumpft, da konnte er die

Hitze nicht länger ertragen, also zog er die Hände zurück und rannte, vor Schmerz brüllend, aus dem Haus. Der Schwarze Bär sagte zu ihm: »Was für ein Narr bist du doch. Armer Kerl. Schau her, wie ich das mache.«

Er hielt nun seinerseits die Pfoten vor das Feuer, wie er es schon am anderen Tag getan hatte, und es dauerte gar nicht lange, da war die Schüssel voller Fett. Er schenkte es dem Coyoten und riet ihm, nie mehr etwas zu versuchen, was seine Macht und sein Können übersteige.

Irgendwann danach hatte der Coyote wieder großen Hunger und meinte, er sollte einmal Tsalas besuchen, der in einer unterirdischen Wohnung nicht weit entfernt wohnte. Tsalas nahm ihn freundlich auf und sagte ihm, an welche Stelle er gehen müsse, wenn er frische Fische fangen wolle. Er schnitt sich eine Rute von den Weidenbüschen und ging dann hinunter zum Fluß, wo er ein kleines Loch ins Eis schlug und anfing zu fischen. Nach einiger Zeit fing Tsalas eine ganze Anzahl Fische. Er spießte sie auf seine Rute, ging heim, begann sie zu braten und teilte die Mahlzeit mit dem Coyoten.

Als der Coyote fortging, lud er Tsalas ein, ihn am folgenden Tag zu besuchen. Als nun Tsalas kam, wurde er vom Coyoten willkommen geheißen und bekam kaltes Fleisch vorgesetzt, aber im Gegensatz zum Schwarzen Bären mochte Tsalas ein solches Essen nicht. Also sagte der Coyote, er werde ein paar Fische für ihn fangen gehen. Der Coyote ging aus dem Haus, nahm einen Stecken, schlug am Fluß ein Loch in die Eisdecke und steckte seinen Kopf in das Eisloch, um so Fische zu fangen. Es wollten und wollten sich aber keine Fische zeigen. Und als der Coyote versuchte, seinen Kopf zurückzuziehen, stellte er fest, daß er festsaß.

Darüber verwundert, wo der Coyote so lange bleibe, ging Tsalas aus dem Haus, um sich nach seinem Freund umzuschauen, und fand ihn, wie er mit dem Kopf im Eisloch festsaß. Bis er ihn herausgezogen hatte, war der Coyote mehr tot als lebendig. Tsalas aber sprach zu ihm: »Armer Kerl. Warum machst du dir das Leben noch schwerer, als es ohnehin schon ist? Warum versuchst du Dinge zu tun, die über deine Kräfte gehen?«

Tsalas steckte dann seinen Kopf in das Loch und im Nu lagen viele gefangene Fische auf dem Eis. Er schenkte sie dem Coyoten und ging heim. Der Coyote aber blieb in trüber Stimmung zurück.

Einige Zeit später trabte der Coyote ins Gebirge hinauf. Er wollte der Elster zuschauen und von ihr lernen, wie sie jage. Diese hatte nahe ihrer unterirdischen Wohnung eine Netzfalle aufgestellt. Sie suchte sich einen großen Rehbock aus und begann ihn zu necken. Sie rief ihm zu »Großer Hintern«, »haariger Hintern« und »Kurzschwanz«. Schließlich wurde der Rehbock wütend und versuchte, die Elster anzugreifen. Die aber floh. Sie hielt sich immer in der Nähe des Rehbocks, um ihn so in die Falle zu locken. Und dies gelang ihr auch ganz vortrefflich. Als sie in der Nähe der Grube mit der Netzfalle waren, flog die Elster so nahe an den Rehbock heran, daß er glaubte, sie mit seinem Geweih treffen zu können. Der Vogel machte eine geschickte Bewegung zur Seite. Der Bock in seinem Kampfeifer wollte dem Vogel folgen. Da stürzte er in die Grube mit der Netzfalle.
Der Coyote nahm sich vor, es der Elster nachzutun. Auch er stellte in einer Grube, nahe seinem Haus, eine Netzfalle auf, suchte sich einen Rehbock und machte ihn wild, indem er ihm Schimpfworte zurief. Der Rehbock setzte ihm nach, und der Coyote lockte ihn in Richtung seiner Behausung, zu der Stelle, an der die Netzfalle stand. Aber als sie dort ankamen, wollte der Coyote über die Falle springen. Er sprang aber zu kurz und geriet selbst in das Netz und verwickelte sich darin. Der Rehbock aber stürzte sich auf ihn und bohrte ihm sein Geweih in den Leib, und wären nicht die Leute des Coyoten herbeigekommen und hätten ihm geholfen, so hätte ihn der Rehbock gewiß noch getötet.

Biber und Stachelschwein

Der Biber und das Stachelschwein waren dicke Freunde. Überall gingen sie zusammen hin. Ständig waren sie zusammen. Das Stachelschwein besuchte den Biber häufig in seinem Haus, aber der hatte das nicht so gern, weil das Stachelschwein überall, wo es hinkam, Stacheln verlor.
Einmal, als das Stachelschwein wieder einmal sagte, es wolle mit zu der Wohnung des Bibers kommen, sagte der: »Gut, aber ich will dich auf meinen Rücken nehmen.«
Sie brachen auf. Aber statt zu seinem Haus brachte der Biber das Stachelschwein zu einem Baumstumpf in der Mitte eines Sees.

Dann sagte er: »Das ist mein Haus«, ließ ihn dort sitzen und schwamm zum Ufer zurück.
Als das Stachelschwein dort auf dem Baumstumpf saß, erinnerte es sich daran, daß es ein Zauberlied wußte. (Es ist immer gut, hin und wieder sich das eine oder andere Zauberlied einzuprägen!) Es sang dieses Lied, in dem es heißt:

»Ach See, friere doch bitte zu,
damit ich zu dem Bau der Wölfe gelangen kann.«

Der See fror auch tatsächlich zu. Und das Stachelschwein kam sicher zum Ufer zurück.
Einige Zeit später spielten die beiden Freunde wieder einmal zusammen. Da sagte das Stachelschwein: »Komm jetzt. Jetzt bin ich dran, um dich einmal auf den Rücken zu nehmen.«
Da kletterte der Biber auf den Rücken des Stachelschweins, und dies trug ihn auf die Spitze eines sehr hohen Baumes und ließ ihn dort. Dem Biber wurde es angst und bange, aber schließlich versuchte er, einfach herunterzulaufen und schaffte es auch. Und seither, so sagt man, ist die Rinde vieler Bäume so rissig.

Der Sonnenmann prüft seinen Schwiegersohn

An einer Stelle im Bella-Coola-Fluß befand sich eine Fischreuse. Ein Häuptling und seine Frau wohnten an dieser Stelle. Eines Tages schnitt die Frau Lachs am Ufer des Flusses. Als sie den letzten Fisch öffnete, fand sie in seinem Bauch einen kleinen Jungen. Sie nahm ihn heraus und wusch ihn im Fluß. Sie setzte ihn auf den Boden, ging ins Haus und sagte zu den Leuten: »Kommt und schaut, was ich in dem Bauch des Lachses gefunden habe!« Sie hatte ein Kind in dem Haus, das noch in der Wiege lag. Der kleine Junge, den sie gefunden hatte, war halb so lang wie ihr Unterarm. Sie trug ihn ins Haus, und die Leute rieten ihr, gut auf ihn aufzupassen. Sie nährte ihn zusammen mit ihrem leiblichen Kind. Wenn die Leute im Haus redeten, schaute sich das Baby um, als verstände es, was sie sagten. Am folgenden Tag waren die Leute erstaunt, als sie sahen, wie das Kind gewachsen war, und nach einem weiteren Tag war es so groß wie ein gewöhnliches

Kind. Ihr eigenes Baby wuchs ebenfalls mit wunderbarer Schnelligkeit. Sie gab beiden die Brust. Nach ein paar Tagen konnten sie gehen und sprechen.
(Als sie herangewachsen waren, zogen die beiden Jungen auf Abenteuer aus.)
Die beiden jungen Männer kamen an Häusern vorbei und schauten in die Hausflure. Es gab da ein Haus in der Mitte dieses Ortes, darin sahen sie ein schönes junges Mädchen sitzen. Ihr Haar war rötlich und reichte bis auf den Boden. Sie war ganz weiß. Ihre Augen waren groß und klar wie Bergkristalle. Der Junge verliebte sich in das Mädchen. Sie zogen weiter, aber er dachte immer nur an sie. Der Lachs-Junge sagte: »Ich gehe jetzt in dieses Haus. Du mußt genau aufpassen, was ich tue, und mir alles nachmachen. Die Tür des Hauses versucht jeden zu beißen, der dort eintritt.«
Die Tür ging auf, und der Lachs-Junge sprang in das Haus. Dann schlug die Tür zu. Sie wollte ihn dabei treffen, aber sie verfehlte ihn.
Als die Tür wieder aufging, sprang der Junge ins Haus. Er fand drinnen eine Anzahl von Leuten, die ihn einluden, sich zu setzen. Sie legten ihm etwas zu essen vor, aber der Junge mochte ihre Speisen nicht. Das Essen hatte einen starken Geruch und sah ziemlich seltsam aus. Es bestand aus Algen, die an den Holzstämmen wachsen, welche im Fluß treiben.
Als der Junge nichts davon anrührte, sagte einer der Männer zu ihm: »Vielleicht will er lieber diese beiden Kinder verzehren. Bring sie hinunter zum Fluß, wirf sie in das Wasser, aber schau nicht hin dabei.«
Die beiden Kinder standen auf, und er brachte sie hinunter zum Fluß. Dann warf er sie ins Wasser, ohne sie anzuschauen. An der Stelle, an der er sie ins Wasser geworfen hatte, fand er einen männlichen und einen weiblichen Lachs. Er nahm sie mit ins Haus und briet die Fische. Die Leute rieten ihm, die Innereien und Gräten sorgfältig aufzubewahren. Nachdem er gegessen hatte, befahl ihm einer der Männer, die Innereien und Gräten auch in den Fluß zu werfen. Er trug sie in seinen Händen dorthin und warf sie ins Wasser, ohne hinzuschauen.
Als er das Haus betrat, hörte er; wie die Kinder wieder hinter ihm herkamen. Das Mädchen bedeckte seine Augen mit ihren Händen. Der Junge lahmte, weil er einen seiner Knochen verloren hatte. Dann schauten die Leute auf dem Platz nach, an dem der

Junge gesessen hatte, und sie fanden dort das Auge und einen Knochen aus dem Kopf des männlichen Fisches. Sie befahlen dem Jungen, beides ins Wasser zu werfen. Er nahm die Kinder, das Auge und den Knochen und warf alles in den Fluß. Da waren die Kinder wieder heil und unversehrt.
Nach einer Weile sagte der Junge zu seinem Lachsbruder: »Ich wünschte, wir würden zu jenem anderen Haus gehen, wo ich das schöne Mädchen gesehen habe.« Sie gingen dorthin, und der Junge sagte zu seinem Lachs-Bruder: »Laß uns hineingehen. Ich möchte ihr Gesicht genau betrachten.« Also traten sie ein.
Ein Mann stand auf und breitete eine Karibou-Decke für sie aus. Er hieß sie sich setzen, und die Leute gaben ihnen zu essen.
Der Junge flüsterte seinem Bruder zu: »Sag dem Mädchen, daß ich sie heiraten will.« Der Lachs-Junge sagte es dem Mädchen, die lächelte und antwortete: »Er soll mich nicht heiraten. Wer mich heiratet, muß sterben. Ich mag ihn, aber ich will nicht, daß er umkommt; aber wenn er unbedingt sterben möchte, dann soll er mich heiraten.«
Die Frau war der Lachsbeeren-Vogel. Nach einem Tag gebar sie einen Jungen, und am Tag darauf gebar sie ein Mädchen. Es war die Tochter des Frühlings-Lachses.
Nach einer Weile sagte der Vater des Mädchens: »Laßt uns ein Kanu zu Wasser bringen. Wir wollen den jungen Mann zu seinen Leuten zurückschaffen.«
Er schickte einen Läufer an die Leute des Dorfes ab, und sie machten sich alle bereit. Früh am Morgen starteten sie mit ihren Kanus. Der junge Man saß in dem Kanu von Frühlings-Lachs, und dieses Boot war das schnellste von allen. Danach kam das Boot des Lachses mit den hervorstechenden Augen. Die Leute in dem Boot des Calico-Lachses lachten die ganze Zeit. Sie fuhren den Fluß hinauf; in einiger Entfernung vom Dorf, in dem der Vater des jungen Mannes wohnte, machten sie ihre Kanus fest. Dann schickten sie zwei Läufer den Fluß hinauf, um nachsehen zu lassen, ob die Leute dort schon ihr Lachs-Wehr fertiggestellt hätten. Bald kamen sie mit der Nachricht zurück, daß das Wehr fertig sei. Dann schickten sie den jungen Mann und seine junge Frau los und gaben ihnen viele Geschenke für den Vater des jungen Mannes mit.
Der Wächter, der am Lachs-Wehr stand, sah, wie zwei wunderschöne Lachse in die Falle gingen. In Wirklichkeit waren es die Kanus des Lachses, aber sie sahen wie zwei Lachse aus. Da schloß

der Wächter die Falle, und viele Fische waren darin. Er nahm die Fische heraus, und der junge Mann dachte: »Ich wünschte, er würde meine junge Frau vorsichtiger behandeln.«
Der Wächter schnitt den anderen Fischen die Köpfe ab, aber dem jungen Mann und seiner Frau tat er nichts zu Leide. Dann trug er die Fische zu dem Haus und hängte sie über einen Pfahl.
In der Nacht nahmen der junge Mann und seine Frau menschliche Gestalt an. Der junge Mann betrat das Haus seines Vaters. Auf seinem Kopf trug er Adlerflaum.
Er sagte zu seinem Vater: »Ich bin der Fisch, den du gestern gefangen hast. Erinnerst du dich noch an die Zeit, da du mich verlorst? Ich habe im Land der Lachse gelebt. Die Lachse haben mich hierher begleitet. Sie warten in einiger Entfernung vom Dorf. Es gefällt den Lachsen, daß die Leute Fisch essen.«
Er wandte sich seiner Mutter zu und fuhr fort: »Du mußt vorsichtig sein, wenn du Lachs schneidest. Zerbrich nie eine der Gräten, sondern hebe sie auf und wirf sie ins Wasser.«
Die beiden Kinder des jungen Mannes waren auch in die Lachsfalle geraten. Er legte sie auf Blätter auf die Erde, legte rote und weiße Zederborke darüber und deckte sie mit Adlerflaum zu.
Kaum war dies geschehen, da kamen die Lachs-Leute den Fluß herauf. Durch das Wehr gelangten sie in die Falle. Sie schwammen den Fluß hinauf bis nach Stuick. Die Leute fingen sie, sie trockneten den Lachs, so wie der junge Mann es sie gelehrt hatte. Sie warfen die Gräten wieder ins Wasser zurück, und die Lachse wurden wieder lebendig. Sie zogen heim in ihr Land, und ihr Fleisch hatten sie dagelassen. Der Cohoe-Lachs hatte das langsamste Kanu und kam deswegen als Letzter im Dorf an.
Auch der Lachsbeeren-Vogel mit seinen Kindern war mit den Lachsen heimgekehrt. Da entschloß sich der junge Mann, eine kleine Hütte zu bauen. Er wollte sie dazu benutzen, um Adler zu fangen. Er benutzte dazu eine lange Stange mit einem Haken daran. Die Adler wurden mit Lachsfleisch angelockt.
Er bekam eine Menge Adlerflaumfedern. Dann ging er zurück zu seinem Haus und fragte seinen jüngeren Bruder, ob er ihm nicht helfen wolle.
Als er zu der Hütte kam, die er zum Adlerfang benutzt hatte, gab er dem Jungen einen kleinen Stab. Dann sagte er zu ihm: »Sei nicht traurig, wenn ich dich verlasse. Ich gehe den Sonnenmann besuchen. Ich werde nicht lange Zeit fort sein. Ich bin lange im Land der Lachse geblieben, aber im Himmel werde ich mich nicht

lange aufhalten. Ich lege mich jetzt auf diese Matte. Bedecke mich mit Daunenfedern und fang damit an, mit deinem Stab die Zeit zu schlagen. Du wirst sehen, wie eine große Feder in die Luft aufsteigt. Geschieht das, dann höre auf.«
Der Junge gehorchte, und alles geschah so, wie der Bruder es ihm gesagt hatte. Der Junge sah eine große Feder in weiten Kreisen davonfliegen. Endlich verschwand sie im Himmel. Da weinte der Junge und ging zurück zu seiner Mutter.
Der junge Mann, der zum Himmel hinaufgestiegen war, fand dort ein großes Haus. Es war das Haus der Geschichten. Dort nahm er menschliche Gestalt an und schaute hinein. Drinnen sah er eine Anzahl Leute. Sie saßen auf einer niedrigen Plattform im hinteren Teil des Hauses. In der rechten Ecke sah er ein großes Feuer, an dem die Frauen zusammensaßen. Er beugte sich vorwärts, da entdeckte ihn eine alte Frau und winkte ihn herein. Er ging zu ihr hin, und sie warnte ihn davor, sich im Hinterteil des Hauses sehen zu lassen. Sie sprach: »Sei vorsichtig. Die Männer dort hinten wollen dir Böses.«
Sie öffnete eine kleine Büchse und gab ihm die Blase einer Gebirgsziege, die den kalten Wind enthielt. Sie riet ihm, die Blase zu öffnen, wenn sie ihm etwas antun sollten. Sie erklärte ihm, wenn er die Blase öffne, werde kein Feuer ihn verbrennen können. Sie sagte ihm, die Männer würden ihn nahe an das Feuer halten, um ihn zu verbrennen. Einer werde sein Gesicht abwischen, das Feuer werde vom Boden auflodern und alles anzünden. Die alte Frau sagte ihm alles, was die Leute vorhatten.
Jetzt wandte sich der Mann hinten im Haus um. Es war die Sonne selbst. Der Sonnenmann wollte die Kraft des Besuchers prüfen. Als er den jungen Mann sah, sagte er zu der alten Frau: »Du hast da wohl Besuch. Schick den jungen Mann mal zu mir. Ich will, daß er neben mir sitzt.«
Der junge Mann trat zu der Sonne hin, und als er sich neben den Sonnenmann hingesetzt hatte, wischte er ihm das Gesicht ab. Dem jungen Mann war es sehr heiß. Er zog seine Decke dicht an den Körper und öffnete die Blase, die die Frau ihm gegeben hatte. Da wurde der kalte Wind, der im Winter von den Gebirgen herabkommt, freigesetzt, und es war ihm angenehm kühl. Der Sonnenmann hatte ihm nichts anhaben können. Der alte Mann sagte nichts, sondern schaute nur seinen Besucher an.
Nach einer Weile sagte er: »Ich möchte dir ein kleines unterirdisches Haus zeigen, das hinter diesem Haus steht. Sie standen

beide auf und gingen hinaus. Das kleine Haus hatte keine Tür. Hinein gelangte man nur durch eine Öffnung in der Mitte des Daches, durch die eine Leiter hinabführte. Kein Luftzug drang in dieses Haus. Es war aus Stein gemacht. Als sie eingetreten waren, entfachte der Sonnenmann ein kleines Feuer in der Mitte des Hauses, dann stieg er die Leiter hinauf, verschloß die Öffnung und ließ den Besucher drinnen zurück. Es begann, in dem Haus sehr warm zu werden. Als der Junge merkte, daß er es nicht länger aushalten konnte, öffnete er die Blase, und wieder wehte der kühle Wind, Schnee begann zu fallen, das Feuer ging aus, Eiszapfen wuchsen an den Wänden. Es war angenehm kühl in dem kleinen Haus.

Nach einer Weile sagte der Sonnenmann zu seinen vier Töchtern: »Geht in das kleine unterirdische Haus, das hinter unserem Haus steht, und kehrt es.« Er meinte damit, sie sollten die Asche des jungen Mannes forträumen, von dem er annahm, er sei verbrannt.

Sie gehorchten auf der Stelle, und jede war begierig, als erste in das unterirdische Haus einzusteigen. Sie waren aber sehr erstaunt, als sie die Eiszapfen sahen. Als sie die Leiter hinabstiegen, sprang der junge Mann auf und kratzte sie. Das jüngste der Mädchen stand schon auf der letzten Sprosse. Der Sonnenmann hörte das Schreien und fragte nach dem Grund. Er war zornig, als er feststellen mußte, daß der junge Mann noch am Leben war.

Dann dachte er sich eine andere Art aus, um den Besucher zu töten. Er sagte seinen Töchtern, sie sollten ihn ins Haus rufen. Sie taten, wie ihnen geheißen, und der junge Mann betrat wieder das Haus der Geschichten. Am Abend lag er schon schlafend da, da sprach der Sonnenmann zu seinen Töchtern: »Früh am Morgen steigt ihr hinauf ins Gebirge und sagt dem Jungen, er solle euch folgen.«

Die Mädchen brachen auf, während der Besucher noch schlief. Die Mädchen stiegen auf zu einer kleinen Wiese nahe einem Abgrund. Sie hatten die Gestalt von Bergziegen angenommen. Als der Sonnenmann seine Töchter auf der Wiese sah, weckte er den Besucher und sagte: »Siehst du dort oben die Bergziegen?«

Der junge Mann sprang auf. Er wollte die Ziegen erlegen. Der Sonnenmann riet ihm, das Gebirge von seiner linken Flanke her zu besteigen, die rechte Flanke sei gefährlich. Der junge Mann trug seinen Pfeil und Bogen bei sich. Der Sonnenmann sagte:

»Nimm nicht deine Pfeile. Nimm meine, die sind besser.« Dann gab ihm der Sonnenmann vier von den seinen. »Die Spitzen dieser Pfeile sind aus Kohle gemacht.«
Nun begann der junge Mann, das Gebirge zu ersteigen. Als er zu den Ziegen kam, nahm er einen der Pfeile, zielte und schoß. Er traf das Tier, es stürzte hin, war aber nicht tot. Dasselbe geschah mit den anderen Pfeilen. Als er alle Pfeile so verschossen hatte, sprangen die Tiere auf und rasten von vier Seiten her auf ihn zu und wollten ihn töten. Die einzige Möglichkeit war, gegen den Abgrund hin auszuweichen. Sie überrannten ihn und warfen ihn den steilen Abhang hinab. Er fiel kopfvoran, und als er die Hälfte der Strecke zurückgelegt hatte, verwandelte er sich in einen Ball Vogelfederdaunen. Er prallte auf einer Stelle auf, an der viele Steine lagen. Dort nahm er wieder menschliche Gestalt an und rannte in das Haus des Sonnenmannes, um seine eigenen Pfeile zu holen. Er griff sie sich, stieg wieder auf und traf die Gebirgsziegen auf derselben Wiese an. Er schoß auf sie, tötete sie und warf sie in den Abgrund. Dann kehrte er zurück.
Er fand die Ziegen unten mit abgehauenen Füßen liegen. Er nahm die Füße mit nach Haus. Dort saß der Sonnenmann vor dem Haus. Er bot ihm die Füße an und sagte: »Zähl sie und sieh, wie viele ich getötet habe.«
Der Sonnenmann zählte und wußte, daß alle seine Kinder tot waren. Da nahm der Junge die Kadaver der Ziegen, setzte die Füße wieder an und warf die Kadaver in einen kleinen Fluß, der dort vorbeifloß. So wurden sie wieder zum Leben erweckt. Er hatte diese Kunst im Land der Lachse erlernt. Er sagte zu den Mädchen: »Nun lauft zu eurem Vater. Er trauert um euch.«
Sie gaben ihm einen neuen Namen. »Er-hat-uns-dem-Leben-wiedergegeben« nannten sie ihn. Der Junge folgte ihnen. Der Sonnenmann sagte, als er wiederkam: »Du sollst meine beiden ältesten Töchter heiraten.«
Am nächsten Morgen, als die Leute aufstanden, sagte der Sonnenmann zu ihnen: »Was mache ich nur mit meinem Schwiegersohn?« Er rief ihn und sagte: »Komm, wir wollen die Falle an meinem Lachswehr herausnehmen.«
Sie fuhren mit dem Kanu des Sonnenmannes den Fluß hinauf. Das Wasser des Flußes kochte. Der junge Mann befand sich vorn im Boot, während der Sonnenmann steuerte. Er versuchte es so

einzurichten, daß der junge Mann ins Wasser stürzte. Das Wasser bildete einen kleinen Wasserfall an der Stelle, an der das Lachswehr sich befand.
Er sagte dem jungen Mann, er solle über den oberen Rand des Wehrs gehen, um an die Falle heranzukommen. Als er die Körbe erreichte, kippte der Balken, und er fiel ins Wasser. Der Sonnenmann sah ihn zweimal in dem Strudel unterhalb des Lachswehrs hochkommen. Als er ihn nicht mehr auftauchen sah, wendete er sein Kanu und dachte: »Jetzt ist der Junge gewiß nach Nuskyakek davon.« Der Sonnenmann kehrte in sein Haus zurück und sagte zu seinen Töchtern: »Ich habe meinen Schwiegersohn im Fluß verloren. Ich kann ihn nicht mehr finden.« Da waren die Töchter sehr traurig.
Als der Junge im Wasser verschwand, wurde er nach Nuskyakek getragen. Im Wasser hatte er sich in einen Lachs verwandelt, und als er wieder an Land kam, nahm er menschliche Gestalt an und kehrte zu seiner Frau zurück. Der Sonnenmann sah ihn kommen und war sehr erstaunt. Am Abend gingen sie schlafen. Am folgenden Morgen dachte der Sonnenmann: »Wie kann ich nur meinen Schwiegersohn töten?« Nach einer Weile sagte er zu ihm: »Steh auf. Wir wollen Feuerholz hacken.« Er nahm seine Werkzeuge. Sie schoben ihr Kanu ins Wasser und fuhren den Fluß hinunter ins Meer.
Als sie dort ankamen, war es ganz ruhig. Es gab dort viele Baumstümpfe im Schlamm der Flußmündung, einige davon lagen halb unter Wasser. Sie wählten einen dieser Stümpfe aus, der weit von der Küste entfernt stand, und begannen ihn zu zersplittern. Da ließ die Sonne mit Absicht den Hammer ins Wasser fallen und dachte dabei: »Fall nicht gerade, sondern seitwärts, so wird er größere Schwierigkeiten haben, ihn zu finden.« Dann setzte er sich im Kanu hin und rief: »Ach, ich habe meinen Hammer verloren. Ich habe ihn seit so langer Zeit.« Er blickte hinab ins Wasser und sagte kein Wort.
Nach einer Weile sagte er zu dem jungen Mann: »Verstehst du dich darauf zu tauchen? Kannst du mir nicht den Hammer holen? Das Wasser ist nicht sehr tief hier.«
Der junge Mann antwortete nicht. Der Sonnenmann fuhr fort: »Ohne meinen Hammer gehe ich nicht heim.«
Der Junge sprach: »Gut, ich kann tauchen. Wenn du es wünschst, werde ich versuchen, ihn wieder heraufzuholen.«
Der Junge sprang ins Wasser, und der Sonnenmann befahl den

Wellen, sich zu erheben, und er rief den kalten Wind, um das Wasser so abzukühlen, daß man darin erfror. Es wurde so kalt, daß eine Eisschicht das Wasser überzog. »Nun«, dachte der Sonnenmann, »habe ich ihn doch endlich getötet.« Er ließ sein Kanu, das im Eis festsaß, zurück und ging heim. Er sagte zu seinen Töchtern: »Ich habe meinen Schwiegersohn verloren. Er trieb ab, als der kalte Wind vom Gebirge her zu wehen begann. Ich habe auch meinen kleinen Hammer verloren.« Als er den Hammer erwähnte, wußten seine Töchter sofort, was sich zugetragen hatte.

Der junge Mann fand den Hammer, aber als er auftauchte, stieß er mit dem Kopf gegen die Eisdecke und kam nicht aus dem Wasser. Er versuchte, irgendwo eine Spalte zu finden. Endlich entdeckte er eine, aber sie war sehr eng. Er verwandelte sich in einen Fisch und kam durch die Spalte heraus. Er bewegte sich auf dem Eis in der Gestalt eines Fisches fort, und schließlich nahm er wieder seine wahre Gestalt an.

Er lief zurück zum Haus des Sonnenmannes und trug den Hammer in der Hand. Der Sonnenmann saß vor dem Feuer, seine Knie angezogen. Der junge Mann nahm den Hammer und hieb ihn dem Sonnenmann auf den Leib. Dabei sagte er: »Du solltest besser auf deine Schätze aufpassen.«

Der junge Mann schimpfte mit dem Sonnenmann: »Wenn du jetzt nicht endlich aufhörst, zu versuchen mich umzubringen, werde ich dich umbringen. Meinst du etwa, ich sei ein gewöhnlicher Mann? Mit dir werde ich immer noch fertig!«

Der Sonnemann gab keine Antwort.

Am Abend sagte er zu seinem Schwiegersohn: »Ich höre einen Vogel singen. Diesen Vogel hätte ich gern.«

Der junge Mann fragte: »Was für ein Vogel ist es?«

Der Sonnenmann erwiderte: »Das weiß ich nicht. Du mußt aufpassen, er kommt sehr zeitig am Morgen.«

Sehr zeitig am nächsten Morgen stand der junge Mann auf. Er hörte draußen den Vogel singen. Er wußte sofort, daß es ein Schneehuhn war. Er trat aus dem Haus und dachte: »Ich wünschte, du kämst herab.« Der Vogel kam herab. Als er ganz nahe war, schoß der junge Mann ihn. Er traf ihn an einer Schwinge. Er wollte ihn gern lebendig fangen. Er wartete, daß der Sonnenmann aufstehen werde. Der Vogel verstand, was der junge Mann sagte. »Der Häuptling hier möchte dich haben. Hab keine Angst, ich werde dich nicht töten. Der Häuptling hat oft versucht, mich zu töten. Es ist ihm aber nie gelungen. Du brauchst keine Angst zu haben.«

Der junge Mann sprach weiter: »Wenn es dunkel geworden ist, werde ich den Sonnenmann auffordern, sich neben mich zu setzen, und wenn er einschläft, dann will ich, daß du ihm die Augen auspickst.«

Als der Sonnenmann aufstand, ging der Junge ins Haus und trug den Vogel auf dem Arm. Er sprach: »Den Vogel habe ich für dich gefangen. Jetzt hoffe ich nur, daß du dich ihm gegenüber etwas freundlicher verhältst als bei mir. Er wird uns immer wecken, wenn es Zeit ist, aufzustehen. Wenn du dich schlafen legst, sieh darauf, daß er sich in deiner Nähe befindet, dann wird er dich am Morgen auch wecken.«

Am Abend bat der Sonnenmann den Vogel, sich nahe bei ihm hinzusetzen. Als der Sonnenmann eingeschlafen war, pickte ihm der Vogel die Augen aus, ohne daß der Schlafende es merkte. Früh am Morgen hörte er den Vogel singen. Er wollte die Augen öffnen, aber er konnte es nicht. Da rief er seinen Sohn und sagte: »Der Vogel hat mich geblendet.« Der junge Mann sprang auf und ging zu seinem Schwiegervater. Er sagte: »Warum hast du dir nur diesen Vogel gewünscht? Glaubst du, er sei gut? Er ist ein böser Vogel. Er hat dir die Augen ausgepickt.«

Er nahm den Vogel und brachte ihn hinaus, und dort dankte er ihm für das, was er getan hatte.

Dann flog der Vogel fort.

Als es nun für die Sonne Zeit wurde, ihre tägliche Bahn zu ziehen, sagte der Sonnenmann: »Ich fürchte, ich werde fallen, ich sehe ja nichts.«

Vier Tage lang blieb er in seinem Haus. Er aß nicht, er war sehr traurig. Da entschloß sich der Schwiegersohn, ihn zu heilen. Er nahm etwas Wasser und sprach zu seinem Schwiegervater: »Ich will versuchen, dir das Augenlicht wiederzugeben.« Er träufelte das Wasser auf die Augen, und sofort waren die Augen geheilt.

Er sagte: »Nun kannst du sehen, was für eine Macht ich habe. Das Wasser, mit dem ich dein Gesicht benetzt habe, hat die Macht, Krankheiten zu heilen. Während ich im Land der Lachse war, habe ich in diesem Wasser gebadet. Es macht alles immer wieder jung und heil.«

Von diesem Zeitpunkt an versuchte der Sonnenmann nicht

mehr, dem jungen Mann etwas anzutun. Der kehrte endlich in das Dorf seines Vaters zurück. Er sprang durch ein Loch im Himmel herab. Seine Frau sah ihn, wie er verwandelt in einen Ball aus Daunenfedern vom Himmel hinabschwebte. Ihr Vater, der Sonnenmann, riet ihr, so schnell wie möglich über seine Wimpern hinabzusteigen. Das tat sie und kam unten auf der Erde gleichzeitig mit ihrem Mann an. Er traf seinen jüngeren Bruder, der ihn nicht mehr wiedererkannte. Er war ein Jahr im Himmel gewesen.

Der unnatürliche Onkel

In einem Dorf lebte ein Mann, den nannten seine Nachbarn den »unnatürlichen Onkel«. Jedesmal, wenn seine Neffen ein paar Jahre alt waren, überkam ihn das Verlangen, sie zu töten. Nachdem schon der zweite verschwunden war, ging seine Frau zu der Mutter des Jungen und sagte: »Sollte euch noch ein Sohn geboren werden, so wollen wir das vor meinem Mann geheimhalten. Laßt ihn glauben, euch sei ein Mädchen geboren worden. In diesem Fall wird er dem Kind nichts zu Leide tun, und wir werden es vielleicht durchbringen.« Nicht lange nach dieser Unterhaltung kam ein weiterer Neffe zur Welt. Der unnatürliche Onkel schickte seine Frau aus, um zu erfragen, ob es ein Mädchen oder ein Junge sei. Sie sagte ihm, wie es abgesprochen worden war, es sei ein Mädchen. »Mag es am Leben bleiben«, sagte er.

Die zwei Frauen zogen das Kind an, als sei es ein Mädchen. Als es älter wurde, sagten sie ihm, es solle bei den Mädchen spielen. Der unnatürliche Onkel sah das Kind heranwachsen und wunderte sich oft über das jungenhafte Aussehen des Mädchens. Eines Tages, als das Kind nicht wußte, daß der Onkel in der Nähe war und es beobachtete, hob das Kind seinen Parka hoch und ließ seinen nackten Körper sehen.

»Ah«, sagte der unnatürliche Onkel zu seiner Frau, als sie heimkamen, »so habt ihr mich also zum Narren gehalten. Aber ich weiß jetzt alles. Geh und sag meinem Neffen, ich wolle ihn sehen.«

Mit Tränen in den Augen richtete die arme Frau den Auftrag

aus. Sie erzählte dem Jungen vom Verschwinden seiner Brüder und von dem, was ihm drohte. Der Vater und die Mutter des Jungen weinten bitterlich, denn sie waren gewiß, daß er nie heimkehren werde. Der Junge, obwohl er Angst hatte, versuchte, seine Eltern zu beruhigen. Noch sei nicht alles verloren, sagte er.

»Hatten meine Brüder irgendwelche Spielsachen?« fragte er, ehe er ging.

Man zeigte ihm eine Schachtel, in der die Spielsachen aufbewahrt wurden. Unter ihnen fand er ein Stück von einem Messer, einige Adlerdaunen und eine saure Preiselbeere. Dies alles versteckte er auf dem Leib und ging dann zu seinem Onkel. Der begrüßte ihn und sagte: »Neffe, wir wollen etwas Holz holen gehen.«

Als sie in einen großen Wald kamen, meinte der Junge: »Hier ist gutes Holz, laß uns etwas davon nehmen und dann zurückgehen.«

»Nein. Es gibt noch besseres, weiter in den Wald hinein«, sagte der Onkel.

Aus dem Wald kamen sie in eine nackte Ebene. »Laß uns umkehren. Hier ist kein Holz«, rief der Junge. Aber der Onkel drängte ihn, weiterzugehen und meinte, sie würden schon noch besseres Holz finden. Etwas später kamen sie zu einem großen Stamm. »Hier ist, was ich suche«, rief der Onkel und begann, den Stamm zu spalten.

»Hier, Neffe, beug dich da herein und versuche, den Keil herauszuziehen«, sagte der Onkel, als einer von den Keilen steckenblieb. Als der Junge das tat, hieb der Mann die anderen Keile heraus, und der Junge saß in dem Stamm gefangen.

»So, hier bleibst du«, sagte der unnatürliche Onkle und ging fort.

Für einige Zeit blieb der Junge in seiner hilflosen Lage und überlegte, was er tun könne. Zum Schluß fiel ihm die saure Preiselbeere ein. Er nahm sie in die Hand und rieb mit ihr die Fläche des Stammes, die ihn einklemmte. Die Säure der Beere zwang den Stamm, sein Maul aufzutun, und der Junge kam frei.

Auf seinem Rückweg ins Dorf sammelte er ein Bündel Holz und legte es dem Onkel vor die Tür. Dann rief er: »Sieh Onkel, was ich dir aus dem Wald mitgebracht habe.«

Der Onkel war überrascht und wütend darüber, daß sein

Anschlag fehlgeschlagen war. Mehr denn je war er entschlossen, den Jungen zu töten.
Seine Frau aber warnte ihn: »Besser, du läßt den Jungen in Frieden. Du hast seine Brüder getötet, aber wenn du dich an ihm vergreifst, wird dir das schlecht bekommen.«
»Und ich werde ihn dennoch töten«, erwiderte der Mann grimmig.
Als der Junge die Hütte seines Vaters erreicht hatte, fand er die Eltern in Tränen und Trauer.
»Weint doch nicht«, sagte er, »ihr seht doch, er kann mir nichts anhaben.«
Am anderen Morgen wurde er wieder zu seinem Onkel bestellt. Ehe er hinging, sagte er seinen Eltern, sie sollten sich nur nicht grämen, er werde heil und gesund wieder heimkommen. Der Onkel forderte den Jungen auf, mit ihm Enten zu fangen und Eier zu holen. Sie kamen an verschiedenen Stellen vorbei, wo es Enten und Eier gab, und jedes Mal sagte der Junge: »Nehmen wir doch die und gehen wir dann heim.«
Aber immer wieder antwortete der Onkel: »Oh nein. Weiter hinten gibt es noch bessere Enten und Eier.«
Schließlich kamen sie zu einer steilen Schlucht. Sie schauten hinab und sahen eine Menge Enten und Eier. »Geh vorsichtig da hinunter und hole die Enten und ihre Eier. Beeil dich, und komm so rasch zurück wie du nur kannst.«
Der Junge sah die Falle sofort, und er bereitete sich darauf vor, indem er Adlerdaunen in jede Hand nahm, zwischen Daumen und Zeigefinger.
Und kaum war der Junge ein paar Schritte abwärts geklettert, da versetzte ihm der Onkel einen Stoß, so daß er den Halt verlor.
»Der kommt nicht lebend wieder«, lachte der Onkel und lief heim. Wäre er einen Augenblick länger stehengeblieben, so hätte er mit ansehen können, wie der Junge langsam in die Schlucht hinabschwebte. Die Adlerdaunen hielten ihn in der Luft, und er kam heil und sicher unten an. Nachdem er die Enten und deren Eier eingesammelt hatte, trugen ihn die Daunen auch wieder nach oben.
Es war Nacht, als er am Haus des Onkels ankam. Er legte die Enten und die Eier vor die Tür. »Hier Onkel, ich habe dir etwas mitgebracht«, rief er.
»Was? Wieder zurück«, rief der Mann in Furcht und Schrecken

versetzt aus. Wieder redete seine Frau auf ihn ein, den Jungen doch endlich in Ruhe zu lassen.
»Du wirst zu Schaden kommen«, sagte sie.
»Nein, er kann mir nichts antun«, erwiderte der Mann zornig und verbrachte den Rest der Nacht damit, nachzudenken und Pläne zu schmieden.
Obwohl er ihnen ja gesagt hatte, er werde zurückkommen, hatten die Eltern nicht viel darauf gegeben. Wieder fand er sie weinend, als er heimkam.
»Warum weint ihr?« sagte er, »hab ich euch nicht gesagt, ich würde gesund und munter zurückkommen?«
Am Abend des dritten Tages erschien die Tante und sagte, ihr Mann wolle den Jungen sprechen. Wieder sagte der den Eltern, sie sollten sich keine Sorgen machen und versprach ihnen, sie würden ihn wiedersehen.
Dieses Mal forderte der Onkel ihn auf, mit ihm Muscheln suchen zu gehen. Die Muscheln waren recht groß, groß genug, um einen Mann darin einzuschließen. Es war Ebbe, und sie fanden viele Muscheln, gar nicht sehr weit vom Strand entfernt.
Der Junge riet, sie zu nehmen und dann zurückzugehen, aber der Onkel drängte ihn weiter. »Weiter draußen gibt es bessere«, sagte er.
Sie wateten ins Wasser, und dann entdeckte der Mann eine außergewöhnliche große Muschel.
»Nimm sie«, sagte er, aber als der Junge sich über sie beugte, nahm die Muschel ihn. So sicher war der unnatürliche Onkel seiner Sache, daß er nur siegesgewiß grinste und mit einem Winken fortging.
Der Junge aber nahm das Stück von einem Messer und brach damit die Muschel auf und entkam. Er sammelte noch einige Muscheln und legte sie dem Onkel vor die Tür, als sei nichts gewesen.
Als der Mann draußen des Jungen Stimme hörte, geriet er fast außer sich vor Wut. Seine Frau versuchte, ihn zu beruhigen.
»Ich sage jetzt nichts mehr«, meinte sie, »ich habe dich gewarnt, und wenn du nicht hörst, dann wirst du's zu spüren bekommen.«
Am nächsten Tag fertigte der unnatürliche Onkel eine Kiste.
»Wozu ist das? fragte die Frau.
»Ein Spielzeug für unseren Neffen«, erwiderte er.

Am Abend wurde der Junge wieder gerufen. Als er von seinen Eltern fortging, sagte er wieder: »Habt keine Angst, während ich weg bin. Diesmal kann es ziemlich lange dauern, aber ich werde wiederkommen.«

»Neffe, hier ist etwas, an dem du Freude haben sollst«, sagte der Onkel. »Kriech hinein, damit ich sehe, ob es paßt.«

Die Kiste paßte. Der Deckel paßte auf die Kiste. Die Schnur paßte um den Deckel.

Der Junge spürte, wie er in der Kiste irgendwo hingetragen wurde. Er hörte das Geräusch der Wellen und wußte, das war das Meer. Die Kiste wurde hinuntergelassen und ins Wasser gestoßen. Da trieb sie. Es war stürmisch, und die Wellen schlugen über der Kiste zusammen. Mehrmals meinte der Junge schon, er sei verloren. Wie lange er so trieb, wußte er nicht, aber schließlich hörte er Wellen, die auf einem Strand ausliefen, und er schöpfte Hoffnung. Lauter und lauter wurde dieses Geräusch. Endlich spürte er, wie die Kiste auf den Sand auflief und dort liegenblieb. Als er nun dort festsaß, ging ihm allerlei durch den Kopf. Wo war er eigentlich? Lebte hier jemand? Würde er gerettet werden, oder würde ihn die nächste Flut wieder aufs Meer hinaustragen? Was machten seine Eltern daheim? Diese und viele andere Gedanken gingen ihm durch den Sinn, als er plötzlich Stimmen hörte. Einen Augenblick später merkte er, daß es Frauen waren, die da sprachen.

»Ich habe die Kiste zuerst gesehen«, sagte die eine.

»Nein, ich habe sie zuerst gesehen«, sagte die andere.

»Ich bin ganz sicher, daß ich sie zuerst gesehen habe«, sagte wieder die Stimme der ersten.

»Von mir aus, nimm du die Kiste, aber mir gehört, was drinnen ist«, rief die andere.

Sie hoben die Kiste auf und wollten sie wegtragen. Als sie aber merkten, daß etwas Schweres drin war, machten sie sich daran, sie aufzuschnüren.

»Wenn mehrere Dinge drin sind«, sagte die erste Frau, die es schon reute, zugestimmt haben, »will ich aber etwas davon abhaben.«

Die andere sagte nichts. Groß war ihr Erstaunen, als sie dann sahen, was die Kiste enthielt.

Der Junge wiederum war nicht wenig erstaunt, zwei hübsche Mädchen vor sich zu sehen. Das große Dorf, die zahlreiche

Meute und einige Besonderheiten verrieten ihm, daß er sich unter den Adler-Leuten im Adlerland befand.
Die ausgewachsenen Leute hatten, wie ausgewachsene Adler es auch haben, weiße Gesichter und weiße Köpfe, während die jungen Leute, wie junge Adler auch, dunkel waren. Adlergewänder hingen überall im Dorf. Und es amüsierte ihn zu sehen, wie die Leute ihre Adlergewänder anlegten, dann zu Adlern wurden, umherflogen und am Ende sich wieder zu Menschen verwandelten.
Die Mädchen waren die Töchter des Häuptlings. Die führten den Jungen zu ihrem Vater, und eine jede erhob Anspruch auf ihn. Als der Häuptling sie angehört hatte, gab der Häuptling den Jungen der älteren Tochter. Mit ihr lebte er glücklich, aber seine Gedanken wanderte oft zurück zu seinem Stamm, zu seinen Eltern, und der Gedanke an die Grausamkeit seines Onkels machte ihm das Herz schwer. Seiner Frau blieben diese Anfälle von Traurigkeit nicht verborgen, und sie drang so lange in ihn, bis er ihr von seinen Eltern und von seinem Onkel erzählte. Als gute Frau bat sie ihn, Mut zu fassen und ging, um mit ihrem Vater über die Angelegenheit zu reden. Der schickte nach seinem Schwiegersohn und riet ihm dann, sein Adlergewand anzulegen und hoch in die Luft zu steigen, bis er unter sich sein Dorf sehen würde. Er empfahl ihm auch, dort zu landen und seine Eltern mit ins Land der Adler zu bringen.
Er tat, wie ihm geheißen, und innerhalb kürzester Zeit befand er sich in seinem Heimatdorf. Obwohl er alle Leute sehen konnte, vermochte er seine Eltern nicht zu entdecken. Es war Abend. Während der Nacht fuhr er aufs Meer hinaus und brachte einen großen Wal zurück und legte ihn am Strand ab. Er wußte wohl, daß alle Einwohner kommen würden, um sich von dem Fleisch etwas zu holen.
Der erste Mensch, der sich auf dem Strand zeigte, war der unnatürliche Onkel. Als er den Wal sah, weckte er das Dorf, und etwas später schnitten sich alle Leute ihre Portionen Fleisch ab. Nur die Eltern des Jungen ließen sich nicht sehen. Den Eltern des Jungen war es nicht erlaubt worden, sich dem Wal zu nähern, und als einige ihrer Nachbarn ihnen etwas von dem Fleisch abgaben, das sie geholt hatten, verbot ihnen das der unnatürliche Onkel.
»Ich kann ihm vielleicht noch vergeben, daß er meine Brüder getötet und auch mir nach dem Leben getrachtet hat«, dachte der

Junge, »aber dafür, wie er meine armen Eltern behandelt, wird er mir büßen.«
Bei diesen Gedanken verwandelte er sich wieder in einen Adler und flog über die Menge hin. Er kreiste ein paar Mal über seinem Onkel, und dann griff er ihn an.
»Ah«, rief der Mann, »er weiß, daß ich der Häuptling bin, daß mir der ganze Wal gehört, er bittet mich um ein Stück Fleisch.« Und er warf dem Adler einen Brocken zu. Ein zweites Mal stieß der Adler herab und strich dicht am Kopf des Mannes vorbei, der aber lachte nur. Die Leute warnten ihn. Sie riefen ihm zu, mit einem Adler sei nicht zu spaßen.
Als der Adler das dritte Mal herabstieß, packte er den unnatürlichen Onkel und trug ihn davon.
Nicht weit von der Küste befand sich ein hoher und steiler Felsen, und dort setzte der Adler den Mann ab. Dann stellte er sich ihm gegenüber. Er legte sein Adlerkleid ab und zeigte sich in seiner wahren Gestalt. Dann sprach er zu dem zitternden Mann: »Daß du meine Brüder umgebracht hast, daß du mir nach dem Leben getrachtest hast, hätte ich dir noch vergeben. Aber für die grausame Behandlung meiner Eltern wirst du mir büßen. Der Wal, den ich gebracht habe, war für meine Eltern und die anderen. Er war nicht für dich allein, aber du hast versucht, ihn dir ganz und gar anzueignen. Ich werde dich nicht töten, ohne dir eine Chance gegeben zu haben. Schwimme zur Küste zurück, und du sollst am Leben bleiben.«
Da er aber nicht schwimmen konnte, flehte der unnatürliche Onkel den Neffen an, ihn zurückzubringen, der aber legte sein Adlerkleid an. Er packte ihn mit seinen Adlerklauen und warf ihn von hoch aus der Luft hinab in die See.
Vom Strand aus sah die Menge der Szene zu. Bis es dunkel war, schauten sie zu dem Adler hin, der zwischen Meer und Land seine Kreise hoch in der Luft zog.
Als sich die Leute verlaufen hatten, warf der junge Mann seine Adlerfedern ab und ging zur Hütte seiner Eltern. Er erzählte Vater und Mutter seine Abenteuer und lud sie ein, ihm in das Land, in dem seine Frau lebte, zu folgen. Sehr früh am Morgen nahm er wieder die Gestalt eines Adlers an, packte Vater und Mutter mit seinen Klauen und trug sie vorsichtig in das Land der Adler, wo sie noch lange glücklich lebten.

Der Besuch bei Häuptling Echo

Chemsem saß da und dachte in Ruhe über viele schwierige Dinge nach. Viele Taten hatte er unter den Menschen vollbracht, aber er fand, daß es noch nicht genug sei. Aber ehe er weitere Taten vollbringen konnte, mußte er etwas in den Magen bekommen. Jeder wird einsehen, daß man mit leerem Magen zu großen Taten unfähig ist. Oder ist jemand anderer Meinung? Also beschloß er, zu den Menschen zu gehen und von ihnen etwas zu essen zu verlangen. Er war ein großer Esser. Er versuchte Menschen in den Wäldern aufzuspüren, aber damit hatte er kein Glück. Er kam in eine große Ebene. Da gab es keine Bäume, nur Gras und Blumen.

In einiger Entfernung sah er ein großes Haus, und in dem großen Haus mit den geschnitzten Balken hörte er viele Leute singen. Er sah Funken aus dem Rauchloch fliegen. Da sagte er sich: das muß das Haus eines großen Häuptlings sein.

Als er näher kam, hörte er jemanden mit lauter Stimme sagen: »Ein Fremder kommt, ein Häuptling kommt!«, und er wußte, daß man ihn damit meinte.

Er trat ein, sah aber niemanden. Immer noch hörte er die Stimmen. Er sah ein großes Feuer in der Mitte des Raumes brennen, und neben dem Feuer war für ihn eine neue Matte ausgebreitet worden.

Dann sagte eine Stimme: »Setz dich auf die Matte. Auf diese Art, großer Häuptling! Auf diese Art, großer Häuptling! Auf diese Art!«

Er trat stolz auf die Matte zu. Er setzte sich. Dies war das Haus des Häuptlings Echo. Dann hörte Chemsem, wie der Häuptling mit seinen Sklaven sprach und ihnen befahl, einen getrockneten Lachs zu räuchern. Ein mit Schnitzereien verzierter Kasten öffnete sich, und heraus sprang der getrocknete Lachs. Dann sah er von ganz allein ein wohlschmeckendes Gericht auf das Feuer zumarschieren.

Chemsem wurde es unheimlich zumute, als er all dies sah. Als der getrocknete Lachs geräuchert worden war und man ihn in Stücke geschnitten hatte, die die richtige Länge hatten, sprangen sie in die Schüssel, und die Schüssel bewegte sich durch die Luft und ließ sich vor Chemsem auf dem Boden nieder.

Während er aß, dachte Chemsem, dies alles sei doch sehr merkwürdig. Als er nun fertig war, kam ein Gefäß gefüllt mit Wasser heran. Er nahm es und trank daraus. Und dann sah er einen großen Teller mit Krabbenfleisch, unter das Fett gemischt war, und einen schwarzen Hornlöffel. Und auch all das kam von ganz allein anmarschiert. Chemsem aß, soviel er konnte. Noch bevor er seinen Teller ganz leer hatte, sah er sich um, und siehe da . . . an der Wand hing eine fette Gebirgsziege. Er dachte: »Ich will mir ein paar Brocken Fett davon abschneiden.«
Dies dachte Chemsem, während er noch kaute.
Dann hörte er in den Ecken des Hauses viele Frauen lachen.
»Ha ha!«, denkt Chemsem, »jawohl ein paar Stücke vom Fett dieser Gebirgsziege hole ich mir!«
Dann aber schämte er sich, weil er daran dachte, was die Frauen wohl dazu sagen würden. Er aß den Rest von dem Krabbenfleisch noch auf, und schon schwebte der nächste Teller herbei, auf dem waren Preiselbeeren, unter die war Fett gemischt und Wasser.
Chemsem aß, aber die Gebirgsziege da an der Wand stach ihm doch zu sehr in die Augen. Wieder dachte er: »Warum soll ich mir nicht ein paar Stücke Fett abschneiden und dann davonrennen.«
Wieder hörte er die Frauen lachen.
»Ha, ha, Chemsem denkt, er könne sich ein paar Stücke Fett von der Gebirgsziege abschneiden und dann davonrennen.«
Chemsem überfiel Angst, als er die Frauen reden hörte und als aus den Ecken auch wieder Gelächter zu ihm hindrang.
Er stand auf, griff sich ein Stück vom Fleisch der Gebirgsziege, aber als er die Tür erreichte, schlug ihm jemand mit einem Hammer auf den Fußknöchel. Verletzt stürzte Chemsem zu Boden. Er verlor das Fleisch, und jemand, den er nicht sah, faßte ihn unter den Armen und zerrte ihn aus dem Haus. Er lag dort und begann zu weinen, denn er war sehr hungrig, und sein Fuß schmerzte sehr. Am folgenden Tag ging es ihm etwas besser. Da suchte er sich einen Stock und humpelte davon.

Der eifersüchtige Vater

Es war einmal ein alter Mann, der hieß Aioswé. Er hatte zwei Frauen. Als die Söhne von einer dieser Frauen groß wurden, wurde Aioswé auf sie eifersüchtig. Eines Tages ging er fort auf die Jagd, und als er zurückkam, entdeckte er Anzeichen, daß eine der Frauen mit seinem Sohn intimen Umgang gehabt hatte.

Eines Tages nun gingen der alte Mann und der Junge zu einer Felseninsel, um dort Eier zu suchen. Da er danach trachtete, seinen Sohn loszuwerden, überredete der Alte ihn, sich bei der Suche immer weiter hinauszuwagen. Der junge Mann ahnte nichts Böses, bis er sich umschaute und sah, daß sein Vater in dem Kanu davonpaddelte.

»Warum läßt du mich im Stich, Vater?« rief er.

»Weil du dich mit deiner Stiefmutter eingelassen hast«, antwortete der alte Mann.

Als der junge Mann merkte, daß der Alte ihn verstoßen und verlassen hate, setzte er sich hin und weinte Stunde um Stunde. Zum Schluß tauchte ein Walroß auf. Es kam der Insel nahe und steckte den Schädel aus dem Wasser.

»Warum weinst du denn so, mein Sohn?« fragte das Walroß.

»Mein Vater hat mich auf dieser Insel zurückgelassen. Ich will hinüber zum Festland. Würdest du mir helfen?« fragte der Junge.

Das Walroß erwiderte, das wolle es gern tun.

»Steig auf meinen Rücken«, sagte es, »und ich trage dich hinüber.«

Dann fragte das Walroß Aioswés Sohn, ob der Himmel klar sei.

Der Junge antwortete, der Himmel sei klar, aber das war eine Lüge, denn es standen viele Wolken am Himmel. Aioswés Sohn log, weil er fürchtete, das Walroß werde ihn verlassen, wenn es erführe, daß es wolkig sei.

Das Walroß sprach: »Wenn du meinst, es ginge nicht rasch genug, dann klopfe auf meine Hörner (Stoßzähne). Und wenn wir dorthin kommen, wo das Wasser flach ist, dann laß es mich auch wissen, dann kannst du nämlich absteigen und an Land waten.«

Während nun das Walroß mit dem Jungen auf dem Rücken dahinschwamm, sagte es: »Wenn du Donner hörst, mein Sohn,

so mußt du mich sofort darauf aufmerksam machen. Bei Donner muß ich nämlich untertauchen.«

Der Junge versprach das dem Walroß. Sie waren noch nicht weit gekommen, als es tatsächlich donnerte.

Das Walroß sagte: »Mein Sohn, ich höre Donner.«

»Ach nein, du mußt dich täuschen«, sagte der Junge, der fürchtete, er werde ertrinken, »das Geräusch, das du gehört hast, ist kein Donner. Es kommt daher, daß sich dein Körper so rasch durch das Wasser bewegt.«

Das Walroß glaubte dem Jungen und sagte sich, es müsse sich wohl getäuscht haben.

Kurz darauf donnerte es aber wieder.

Jetzt wußte das Walroß, daß es sich nicht getäuscht hatte. Es wurde sehr zornig und sagte, es werde Aioswés Sohn abwerfen, ob nun das Wasser flach sei oder nicht.

Das Walroß machte seine Drohung wahr, aber der Junge hatte das Tier mit seinen Lügen solange hingehalten, daß sie nun schon in flachem Wasser waren. Er konnte sich retten. Das Walroß aber wurde vom Blitz erschlagen, ehe es wieder ins Tiefe hinausschwimmen und untertauchen konnte.

Der Donner und der Blitz waren Zauberwerk, das vom Vater aufgeboten worden war, um das Walroß zu töten. Das Walroß aber hatte die Mutter gezaubert, um dem jungen Mann das Leben zu retten.

Als nun der Sohn an Land kam, machte er sich auf den Weg nach Hause. Er war aber noch nicht weit gegangen, da traf er eine alte Frau. Sie war der Wunsch der Mutter, der Gestalt angenommen hatte. Die Mutter hatte sich sehr dringlich gewünscht, der Sohn möge endgültig gerettet werden.

Die alte Frau erklärte dem jungen Mann, wie er sich verhalten müsse, wenn er sein Heim und seine Mutter wiedersehen wolle. Sie sprach: »Jetzt, da du wieder an Land bist, liegen immer noch eine Menge Schwierigkeiten vor dir, durch die du hindurch mußt, ehe du heimkannst«, und sie gab ihm ein Stück vom Winterfell eines Wiesels. »Das wird deine Waffe sein, die du nutzen mußt, um dich zu schützen«, fuhr sie fort und verriet ihm, welche Gefahren auf ihn warteten und wie er sich verhalten solle, wenn dies oder jenes eintrete.

Dann setzte Aioswés Sohn seinen Weg fort. Als er nun durch den Wald lief, kam er an ein einsames Wigwam, in dem zwei blinde alte Frauen wohnten. Beide hatte sein Vater gezaubert. Die alten

Frauen hatten spitze Knochen, die wie Dolche aus ihren Ellbogen hervorstanden. Sie waren sehr wild und töteten jeden, der hier vorbeikam.
Als Aioswés Sohn herankam, konnten die Hexen ihn nicht sehen, aber durch magische Mittel wußten sie, daß er in der Nähe sein mußte. Sie baten ihn, näher zu treten und Platz zu nehmen, aber er war vorsichtig. Ihre Ellbogen gefielen ihm ganz und gar nicht.
Er hatte sich einen Plan zurechtgelegt, wie er die beiden alten Weiber gegeneinander hetzen könnte. Statt hineinzugehen und sich zwischen sie zu setzen, nahm er ein Stück Pergament, befestigte es an einer Stange und schob es zwischen sie. Die alten Weiber hörten ein Geräusch und meinten, der Junge habe sich zwischen sie gesetzt. Sie wandten dem Pergament den Rücken zu und begann dann, mit den Ellbogen zu fuhrwerken. Jedesmal wenn sie auf das Pergament einstachen, riefen sie aus: »Ich habe den Sohn des Aioswé getroffen. Hurra, ich hab's ihm gegeben.«
Endlich aber rückten sie sich einander so nahe auf den Leib, daß sie sich selbst gegenseitig erstachen. So entging der Sohn Aioswés dieser Gefahr.
Der junge Mann setzte seinen Weg fort. Er war noch nicht sehr weit gegangen, als er zu einer Reihe getrockneter Menschenknochen kam, die so über dem Weg aufgehängt waren, daß jeder, der dort hindurch wollte, an sie stoßen mußte, worauf sie ein klapperndes Geräusch von sich gaben. In der Nähe aber wohnten in einem Zelt Leute, die besaßen große Hunde. Immer, wenn sie hörten, daß die Knochen klapperten, kamen sie herbei und töteten die Person, die dort vorüberkam.
Die alte Frau aber, die ihm seine Mutter entgegengeschickt hatte, wußte, was da zu tun sei. Sie hatte dem jungen Mann geraten, sich einen Tunnel zu graben und so unter den Knochen hindurchzuschlüpfen, ohne daß sie zu klappern anfingen.
Als er die Stelle erreichte, tat er, wie die alte Frau ihm geheißen. Am Ende aber beging er doch einen Fehler. Er stieß an die Knochen, die Knochen klapperten.
Die Hunde hörten es und riefen: »Das muß Aioswés Sohn sein.«
Die Leute kamen herbeigerannt.
Aber da der junge Mann in dem Tunnel steckte, sahen sie ihn zuerst nicht.

Die Hunde aber sagten: »Er muß hier sein.«
Da fuhren sie mit ihrer Suche fort. Sie fanden den Eingang des Stollens, den der junge Mann gegraben hatte. Die Hunde verbellten ihn. Die Leute erhoben ihre Waffen. Da nahm der Junge den Fetzen Wieselfell und steckte seinen Kopf aus dem Tunnel. Alle Leute meinten, da laufe wirklich ein Wiesel. Sie schlug die Hunde tot, weil sie meinten, die Tiere hätten sich getäuscht.
Also war Aioswés Sohn abermals entkommen, und nun gelangte er heim.
Er war schon nahe dem Wigwam seines Vaters, er hörte seine Mutter weinen. Er ging weiter, bis er sie sah. Sie schaute auf und erkannte ihn. Sie rief ihrem Mann und der anderen Frau zu: »Seht nur, mein Sohn kommt heim.«
Der alte Mann wollte es nicht glauben.
»Das kann nicht sein«, rief er. Aber seine Frau beharrte darauf. Da kam der alte Mann heraus, und als er sah, daß es tatsächlich sein Sohn war, bekam er große Angst. Er rief nach seinem anderen Weib.
»Bring rasch Elchshaut her«, befahl er, »breite sie so aus, daß mein Sohn darauftreten muß.«
Der Junge aber schob die Elchshaut mit der Schuhspitze beiseite.
In dieser Nacht sang der Junge ein Lied über das Verbrennen der Welt, und der alte Mann sang gegen ihn an, aber er war nicht stark genug.
»Ich werde die Welt in Flammen setzen«, sagte der Junge zu seinem Vater, »alle Seen und Flüsse sollen sieden.«
Er nahm einen Pfeil und sagte: »Ich schieße jetzt diesen Pfeil in den Wald. Gleich wird der Wald brennen.«
Er schoß, eine große Flamme sprang auf, und alle Wälder verbrannten.
»Die Wälder brennen zwar«, sagte der alte Mann, »aber noch brennt das Wasser nicht.«
»Ich will dir zeigen, wie man auch das Wasser in den Flüssen zum Sieden bringen kann«, sprach der junge Mann. Er schoß einen Pfeil ins Wasser, und sofort begann es zu kochen.
Dann sagte der alte Mann: »Wie sollen wir entkommen?«
Der alte Mann war ein großer Bärenjäger gewesen, und er hatte eine große Menge Bärenfett in einem Korb aus Rinde aufbewahrt.

»Steig in den Korb mit dem Fett«, sagte sein Sohn, »dort wirst du vollkommen sicher sein.«
Dann zog er am Boden einen Kreis und stellte seine Mutter dorthin. Der Fleck Erde mit dem Kreis wurde vom Feuer nicht berührt, aber der alte Mann, der gemeint hatte, sicher zu sein, verbrannte in seinem Korb voller Fett.
Aioswés Sohn sagte zu seiner Mutter: »Jetzt wollen wir Vögel werden. Was für ein Vogel wärest du gern?«
»Ich wäre gern ein Rotkehlchen«, sagte sie.
»Ich werde der Whisky Jack (kanadischer Häher)«, sagte er. Und im nächsten Augenblick flogen sie zusammen davon.

Der Junge, der ein Reh wurde

Es war einmal ein Mann, der war ein großer Reh-Jäger. Er jagte fast ständig, und er war sehr erfolgreich dabei. Er dachte ständig an die Rehe. Er träumte sogar von ihnen. Sie waren seine Freunde. Wahrscheinlich waren sie sein manitou (Schutzgeist). Er hatte zwei Frauen. Die eine hatte keine Kinder, die andere hatte einen Sohn.
Eines Tages, als er auf der Jagd war, stieß er auf die frischen Spuren von einer Ricke und einem Kitz. Sie führten zu einem Hügel, auf dem eine junge Frau mit einem Kind saß. Die Spuren führten direkt auf sie zu. Er war erstaunt und fragte die Frau, ob sie ein Reh habe vorbei kommen sehen. Sie antwortete: »Nein.« Er ging weiter, aber er konnte keine Spuren mehr finden.
Als er zurückkehrte, sagte er zu der Frau: »Du mußt das Reh gesehen haben, die Spuren verschwinden an der Stelle, an der du sitzt, und sie sind frisch.«
Die Frau lachte und sagte: »Reg dich nicht auf wegen der Spuren. Schon lange Zeit habe ich dich geliebt und mich nach dir gesehnt. Jetzt wirst du mit in mein Haus kommen.«
Sie gingen zusammen. Der Jäger konnte sich der Anziehungskraft der Frau nicht entziehen. Er mußte ihr einfach folgen. Während er so dahinging, dachte er: »Es ist nicht recht, daß ich so handle. Meine Frauen und mein Kind warten auf mich daheim.«
Die Frau konnte seine Gedanken lesen und sagte: »Du mußt dir

keine Sorgen machen und denken, du würdest etwas Böses tun. Du wirst mein Mann sein, und du wirst es nie bereuen.«

Nachdem die Frau, das Kind und der Mann lange gegangen waren, erreichten sie ein hügliges Land. Der Mann sah den Eingang zu einer unterirdischen Höhle. Als sie ein Stück dem Gang, der unter die Erde führte, gefolgt waren, kamen sie in ein großes Haus voller Menschen, die wie Indianer aussahen. Sie waren beiderlei Geschlechts und jeglichen Alters. Sie waren gut gekleidet. Ihre Kleidung war aus Rehleder. Sie schienen freundlich und glücklich zu sein.

Als die Reisenden eintraten, sagte sie: »Unsere Tochter hat ihren Mann gefunden.«

In dieser Nacht sagte die Frau zu dem Jäger: »Du bist mein Mann. Du wirst mit mir schlafen. Du kannst mich umarmen, aber du darfst deinen Samen nicht in mich ausgießen. Das darf erst geschehen, wenn Brunftzeit ist. Dann kannst du auch mit meinen Schwestern schlafen. Aber diese Zeit kommt nur einmal im Jahr. Sie dauert nur einen Monat.«

Der Jäger schlief mit seiner neuen Frau.

Am nächsten Tag sagten die Leute: »Unser Schwiegersohn soll auf Jagd gehen. Er ist ein großer Jäger. Er soll Fleisch für uns beschaffen. Wir haben nichts mehr zu essen.«

Der Jäger nahm seinen Bogen und ging auf die Jagd. Zwei junge Rehe, seine Schwäger, sprangen voraus und standen auf einer Erhebung. Der Jäger sah sie und tötete sie beide. Er zerlegte die Beute und trug sie heim. Zurück ließ er nur den Dung.

Der Häuptling hatte ihm am Morgen gesagt, er solle vorsichtig sein und nichts von der Beute fortwerfen. Nun aßen die Leute und waren zufrieden. Sie bewahrten alle Knochen auf und legten sie an eine bestimmte Stelle. Sie sagen zu dem Jäger: »Wir heben stets die Knochen auf.«

Als das Reh gegessen worden war, wurden die Knochen zu einem Bündel zusammengewickelt. Der Häutling schickte einen Mann aus und ließ sie in den Fluß werfen.

Diesmal trug er die Knochen von den zwei Rehen, die der Jäger getötet hatte, und von einem dritten, das die Leute gegessen hatten, ehe der Jäger zu ihnen gestoßen war.

Der Jäger wußte nicht, daß es seine Schwäger gewesen waren, die er erschossen hate. Er dachte, sie seien fort auf der Jagd. Als der Mann, der die Knochen fortgebracht hatte, zurückkam, waren die beiden Schwäger und ein weiterer Mann bei ihm. Sie waren wieder zum Leben erweckt worden, als die Knochen ins Wasser geworfen wurden. So lebten diese Reh-Leute, indem sie jagten, einander töteten und sich dann wieder zum Leben erweckten. Der Jäger lebte mit seiner Frau. Er jagte, wann immer Fleisch gebraucht wurde.

Er tat nie einen Fehlschuß, denn die jungen Rehe waren immer darauf bedacht, sich zum Wohl ihres Volkes töten zu lassen.

Endlich kam die Brunftzeit, der Häuptling legte den Körper eines großen alten Rehbocks auf den Jäger und verwandelte ihn so in einen Rehbock. Er ging aus mit seiner Frau und fühlte sich glücklich. Andere junge Böcke kamen und jagten ihm seine Frau ab. Er mochte es nicht, wenn andere seine Frau begatteten. Er lief heim und war niedergeschlagen. In dieser Nacht sagen die Leute: »Was ist nur mit unserem Schwiegersohn los? Warum redet er nicht?«

Irgend jemand sagte: »Er ist niedergeschlagen, weil ein anderer Mann ihm seine Frau weggenommen hat.«

Der Häuptling sagte: »Mach dir nichts draus. Wir werden dir ein großes Geweih geben. Wir werden dich stark machen. Niemand wird dir mehr deine Frau wegnehmen.«

Am folgenden Morgen zauberte er ihm ein großes Geweih und gab ihm den Körper eines jungen Rehbocks. An diesem Tag schlug der Jäger alle Rivalen ab und behielt seine Frau, deren Schwestern und Kusinen. Er verletzte viele seiner Schwäger, während er mit ihren kämpfte. Die Reh-Leute aber hatten Schamanen, die die Wunden heilen konnten.

So ging alles weiter, bis die Brunft vorbei war, und der Jäger war das stärkste männliche Tier während dieser Zeit.

Seine Frau brachte einen Sohn zur Welt. Als das Kind heranwuchs, sagte die Frau: »Es ist nicht gerecht gegenüber deinen Leuten, daß er nur bei uns hier aufwächst. Wir sollten eine Zeitlang bei deinen Leuten leben.«

Sie ließ durch Zauber eine große Menge Rehfett zu einer Handvoll werden. Dasselbe tat sie mit einer großen Menge getrocknetem Fleisch, mit Rehhäuten und gegerbten Buckskins.

Dann brach sie mit ihrem Kind und ihrem Mann auf. Dieser jagte unterwegs und tötete, wenn immer sie Nahrung brauchten, einen seiner Schwäger. Er warf die Knochen ins Wasser, und der Schwager wurde wieder lebendig.

Sie reisten so dahin, wie es die Leute tun, aber der Frau kam es

langsam vor, deshalb verwandelte sie sich in ein Reh. Jetzt ging es rascher, und bald erreichten sie das Land, wo das Volk ihres Ehemanns lebte.
Sie sagte zu ihrem Mann: »Nähere dich den Leuten nicht sofort, oder du wirst sterben. Acht Tage mußt du dich darauf vorbereiten und dich mit Kräutersud waschen.«
Sie sahen eine junge Frau in einiger Entfernung von den Hütten. Der Jäger erkannte sie als seine Schwester, zeigte sich und rief: »Oh Schwester. Ich bin zurückgekommen, aber niemand darf sich mir für acht Tage nähern. Danach werde ich dich besuchen, aber du mußt dein Haus säubern. Es darf darin nichts Altes sein oder etwas, das einen schlechten Geruch hat.«
Die Leute hatten ihn für tot gehalten. Seine kinderlose Frau hatte wieder geheiratet.
Nachdem der Jäger wieder wie andere Leute auch geworden war, betrat er mit seiner neuen Frau und seinem Sohn die Hütte. Seine Frau holte das Rehfett unter ihrer Achsel hervor und strich es auf die langen Festmatten, die von den Leuten ausgelegt worden waren. Das Fett nahm wieder seine ursprünglichen Ausmaße an und bedeckte alle Matten. Sie tat dasselbe mit dem getrockneten Fleisch und den Rehhäuten und füllte damit fast die ganze Hütte. Nun feierten die Leute ein Fest und waren glücklich und zufrieden.
Der Jäger blieb bei ihnen lange Zeit. Wann immer sie nach frischem Fleisch verlangten, gab er seinen Bogen und die Pfeile seinem Sohn und befahl ihm, etwas zu erlegen. Der Junge nahm immer seinen Halbbruder mit, den Sohn, den der Jäger mit seiner Menschenfrau hatte. Sie töteten Rehe, denn die Rehe waren die Verwandten des Jungen, und sie ließen sich willig töten.
Die Leute warfen ihre Knochen ins Wasser, und die Rehe wurden wieder lebendig.
Der Reh-Junge lehrte seinen Halbbruder, zu jagen und Rehe zu schießen, den Bogen so zu halten, daß er keinen Fehlschuß tat. Er lehrte ihn, das Fleisch zu schneiden und zu trocknen, und er hielt ihn dazu an, die Knochen immer wieder ins Wasser zu werfen, damit das erlegte Tier wieder lebendig werde.
Endlich sagte die Reh-Frau zu ihrem Ehemann: »Wir sind jetzt lange genug hier gewesen. Laß uns zu meinen Leuten zurückkehren.«
Sie lud die Indianer des Lagers ein, sie zu begleiten, aber sie

meinten, für ein solch lange Reise hätten sie nicht genügend Moccasins. Die Frau zog dann ein Paket gegerbter Häute hervor und warf sie auf den Boden, und es wurde ein Stapel feinen Leders für Schuhe. Alle Frauen arbeiteten Nacht und Tag daran, Moccasins zu machen, und bald waren sie fertig zum Aufbruch.

Am ersten Tag der Reise sagte der Jäger zu seiner Frau: »Wir wollen unseren Sohn ausschicken, und ich will ihn erschießen.«

Er ging jagen und brachte ein junges Reh heim, das die Leute verspeisten. Sie vermißten den Reh-Jungen und wunderten sich, wo er sei. Bei Nacht warf der Jäger die Knochen ins Wasser, und der Junge wurde wieder lebendig. Am nächsten Tag ging die Frau des Jägers fort, und er erschoß sie, und die Leute aßen sie. Sie vermißten sie und wunderten sich, wo sie hin sei. In der Nacht warf der Jäger wieder ihre Knochen ins Wasser, und sie wurde wieder lebendig. Sie riet ihrem Mann, damit aufzuhören, weil die Leute Verdacht schöpften und bald herausfinden würden, was da vor sich ging. Sie sagte: »Von jetzt an töte nur deine Schwäger.«

Nach vielen Tagen erreichten sie das Haus der Reh-Leute. Sie wurden gut aufgenommen. Und nachdem wieder eine Zeit vergangen war, faßten sie den Entschluß, zurückzukehren; der Reh-Junge sagte, er wolle mit den Leuten seines Halbbruders jagen und dafür sorgen, daß sie keinen Hunger litten. Er begleitete sie in ihr Land und kehrte nie zurück. Er wurde ein Indianer und ein großer Jäger. Von ihm lernten die Leute, wie man mit den Rehen umgeht. Er sagte ihnen: »Wenn ihr ein Reh tötet, seht darauf, daß die Knochen nicht verlorengehen. Werft sie ins Wasser. Dann wird das Reh wieder lebendig. Ein Jäger, der so verfährt, gefällt den Rehen. Sie haben Zuneigung zu ihm, sie fürchten ihn nicht. Sie gehen ihm nicht aus dem Weg, denn sie wissen, sie werden wieder ins Leben zurückkehren, wenn sie sich in seine Gewalt begeben. Es wird dann immer viele Rehe geben, weil sie nicht wirklich getötet werden. Wenn es nicht möglich ist, die Knochen ins Wasser zu werfen, verbrennt sie. Dann werden die Tiere, denen diese Knochen gehörten, wirklich sterben, aber sie werden euch deswegen nicht gram sein.

Wenn aber ein Mensch die Rehknochen herumliegen läßt, nicht auf sie achtet, wenn er die Hunde davon fressen läßt, wenn andere Menschen darauf treten, dann ist das Reh beleidigt und

hilft ihm nicht mehr. Die Rehe werden dann die Menschen meiden. Die Jäger werden kein Jagdglück mehr haben. Sie werden arm sein und hungern.«
Der Vater des Reh-Jungen aber kehrte nie zu seinem Stamm zurück. Er blieb ein Reh.

Mudjikiwis

Einmal vor langer Zeit lagerten die Indianer. Sie hatten zehn Zelte. Sie waren zu zehnt. Und der älteste Bruder, Mudjikiwis, saß auf der Türschwelle. Es war Winter. Die Männer waren warm angezogen. Jeden Tag zogen sie aus und jagten in der Richtung, in die sie zuvor beim Sitzen geschaut hatten. Mudjikiwis übernahm immer die Führung. Die anderen folgten.
Einmal, als er heimkam ins Lager, sah er Rauch aufsteigen, gerade als er über den letzten Hügel lief. Als er sich dem Zelt näherte, sah er neben der Tür einen Stapel Holz. Er hatte sich immer selbst das Essen gekocht. Als er nun sah, daß es schon bereit stand, freute er sich.
»Es muß doch ein Mädchen hier sein«, dachte er, »jemand muß das doch getan haben.«
Er hatte mehrere jüngere Brüder.
»Vielleicht hat eine es auf die abgesehen oder ein Mädchen will mich heiraten!«
Als er am nächsten Tag heimkam, sah er eine Spur wie von einer Taube. »Es ist ein Mädchen«, rief er und rannte ins Zelt, aber da war niemand. Das Feuer war eben angezündet worden, das Fleisch war gekocht und stand fertig bereit. Jemand hatte Wasser geholt. Irgend jemand mußte gerade mit aller Hausarbeit fertig geworden sein, als er kam. Selbst die zehn Paar Moccasins waren ordentlich aufgehängt.
»Na endlich wird jetzt mal jemand für uns nähen. Gewiß wird sie einen von uns heiraten«, dachte er. Immerhin war es nicht ganz auszuschließen, daß er der Glückliche sein werde. Er rührte nichts an, ließ alles so, wie er es vorgefunden hatte, damit es seine Brüder auch sehen könnten.
Nach einer Weile kam der Bruder herein, der der nächstältere war. Er sah auf und sah all die Moccasins und freute sich auch.

Da sagte Mudjikiwis: »Ich weiß nicht, welcher von uns heiraten wird. Hier muß ein Mädchen gewesen sein, aber ich kann dir nicht sagen, wer sie ist ... und immerhin sind wir zehn. Einen von uns muß sie wohl lieben.«
Bald trat der drittälteste Bruder hinzu und dann der viertälteste. Unterdessen war das Feuer ausgegangen. Der jüngste Bruder war der hübscheste in der Familie.
»Wenn einer von uns heiratet, Mudjikiwis, werden wir uns beim Jagen anstrengen müssen, damit unsere Schwägerin nicht Not leidet«, sagte er. »Ich werde froh sein, wenn wir eine Schwägerin bekommen. Laßt sie nicht das Holz hacken. Sie kann sich auch nicht um alle von uns kümmern. Sie soll nur kochen und unsere Kleider stopfen.«
In der Nacht riefen sie alle »he, he, he«, bis es dunkel wurde, weil sie so froh waren.
»Wunderbar«, sagte Mudjikiwis, »jetzt brauche ich mich wenigstens nicht mehr um alles und jedes kümmern.«
Am nächsten Tag gingen sie fort und ließen den jüngsten Bruder im Lager zurück. Mudjikiwis kam als erster zurück und stellte fest, daß das Mädchen mit dem jüngsten Bruder keine Hochzeit gemacht hatte.
»Nun, lassen wir beim nächsten Mal unseren neunten Bruder da«, sagte er, »und danach versuchen wir es mit unserem achten Bruder.«
Drei von ihnen blieben hintereinander daheim, aber die Frau kam nicht. Dann ließen sie den Fünften daheim und sagten zu ihm: »Wenn niemand kommt, mach du das Essen.«
Kaum aber waren sie fort, als jemand erschien. Man hörte ein Rasseln, denn offenbar hatte die Person Glöckchen an ihren Beinkleidern.
»Oh, sie soll mich nicht sehen!« sagte der Junge, »ich werde mich in Adlerflaum verwandeln«, und er wirbelte zwischen den Stangen und den Planen des Zeltes. In diesem Augenblick trat das Mädchen ein. Sie hatte langes Haar und war sehr schön. Sie nahm eine Axt und machte sich daran, Holz zu hacken, und bald brachte sie vier Armvoll. Dann machte sie ein Feuer, holte die Kessel herunter und richtete das Essen.
Als sie damit fertig war, schmolz sie etwas Schnee, nahm noch einen Armvoll Holz und machte noch ein weiteres Feuer. Nachdem sie damit fertig war, rief sie dem Jungen zu, er solle aus seinem Versteck herunterkommen.

»Meinst du etwa, ich wüßte nicht, daß du dort oben bist«, sagte sie. Also kam er herunter und setzte sich zu ihr ans Feuer.
Als Mudjikiwis heimkam, sah er noch einen Stapel Holz. Als er näher kam, rief er »he, he, he!«, um auszudrücken, daß ihm das sehr gefiel.
Wunderbar, dachte er, ich brauche mich nicht mehr um alles zu kümmern. Ich brauche nicht mehr für meine Brüder kochen. Ich brauche nicht mehr für meine ganze Verwandtschaft Moccasins nähen.
Er trat ein und beugte sich dabei, denn er trug ein Stirnband mit einer Adlerquaste hinten. Als er hereinkam, sah er das schöne Mädchen dort sitzen.
Er setzte sich ebenfalls hin und sagte: »Hai, hai, hai. Das Mädchen sitzt da wie früher unsere Mutter.«
Er zog seine Schuhe aus und warf sie seinem jüngsten Bruder zu. Und dafür bekam er von seiner Schwägerin ein Paar schöne Moccasins. Er freute sich darüber und rief: »Hai, hai, hai!«
Bald kamen alle Brüder zurück und jeder erhielt Moccasins zum Geschenk.
Mudjiwikis sagte: »Einen Rat gegeben habe ich euch schon. Laßt eure Schwägerin nicht Holz hacken. Nehmt ihr die schweren Arbeiten ab. Jagt eifrig, damit sie nicht hungern muß.«
Der Morgen kam, und Mudjikiwis war schon halb verliebt in seine Schwägerin. Er ging fort. Er tat so, als gehe er auf die Jagd, aber er ging nur über den nächsten Hügel, und dort blieb er stehen. Er wickelte sich in eine Decke. Es war Winter. Er holte etwas Schlamm unter dem Schnee hervor und rieb ihn an seine Stirn und sein Hutband. Er hatte eine Keule mit einer runden Spitze, auf der waren zwei Augen, die immer auf und zu gingen. Bald sah er, wie seine Schwägerin herauskam und Holz zu hacken begann. Er ging hin und wollte mit ihr sprechen, aber sie verschwand. Bald kam sie zurück. Dort stand ein Stapel Holz und hier stand einer. Mudjikiwis blieb an dem gegen Westen hin stehen. Er hatte seinen Bogen, seine Pfeile und seine Keule bei sich. Er hielt seine Keule in dem linken Arm und seinen Bogen mit den Pfeilen im rechten. Er lächelte ihr zu, als sie auf ihn zukam.
»Oh mein Schwager. Ich will das nicht tun«, rief sie.
Mudjikiwis wurde zornig, weil sie ihn abgewiesen hatte. Er nahm einen Pfeil und schoß ihn ihr in das Bein. Dann rannte er fort und ging jagen.

In der Nacht kam er zu spät zurück, als letzter. Als er sich dem Zelt näherte, rief er: »Yoha, yoha. Was ist denn los? Warum ist kein Holz für die Schwägerin da?«
»Was ist mit unserer Schwägerin los? Ist sie nicht daheim?« fragte er.
Sein Bruder fragte: »Warum kommst du so spät? Sonst warst du doch immer als erster hier.«
Mudjikiwis antwortete nicht. Der verheiratete Bruder kam. Der jüngste Bruder wollte nicht länger warten, er fragte jeden: »Habt ihr nicht eure Schwägerin gesehen?«
Der andere antwortete: »Mudjikiwis kam sehr spät. Er ist sonst nie so spät gekommen.«
»Ich werde meine Frau finden«, sagte der fünfte Bruder. Also ging er fort. Er fand ihre Spuren. Sie endeten an einer kleinen Hütte aus Weiden, die sie gemacht hatte, und dort war sie auch.
Sie rief ihm zu: »Komm nicht her! Dein Bruder Mudjikiwis hat auf mich geschossen. Ich habe mich geweigert, mit ihm zu schlafen. Da hat er mich niedergeschossen. Komm nicht her. In der vierten Nacht wirst du mich sehen. Wenn du mir etwas zu essen bringen willst, so stell es immer draußen vor die Tür und geh dann weg. Ich bekomme es schon.«
Ihr Ehemann ging heim, wie sie es ihm befohlen hatte. Danach brachte er ihr nach dem Jagen jeden Abend etwas zu essen.
»Es ist gut. Selbst, wenn mein Bruder auf meine Frau geschossen hat, will ich ihm vergeben, wenn ich sie nur nach vier Nächten sehen kann«, sagte er. In der dritten Nacht hielt es ihn kaum noch, so sehr hatte er Verlangen, sie zu sehen.
Am vierten Tag in der Morgendämmerung ging er zu ihr. Während er näher kam, rief sie: »Komm nicht!« Aber er betrat ihre Hütte und sah sie dort.
»Ich habe dir gesagt, du solltest nicht kommen, aber du konntest dich nicht beherrschen. Wenn deine Brüder nicht zurechtkommen, will ich ihnen schon helfen.«
Zufrieden, daß er sie gesehen hatte, ging er heim. Sie frühstückten und brachen dann auf, um Nahrung für sie zu beschaffen. Sie mußte weggegangen sein, denn sie sahen ihre Spuren, kleine Spuren mit Blut.
Der jüngste Bruder sagte: »Brüder, ich muß meiner Frau folgen.«
Er ging ihrer Spur nach. Manchmal rannte er. Bei Sonnenunter-

gang wollte er rasten. Er tötete ein Kaninchen, und als er aus dem Busch herauskam, sah er eine Hütte.
»He, mein Enkel«, rief eine Stimme,« du bist hinter deiner Frau her. Sie ist im Morgengrauen hier vorbeigekommen. Komm herein und setz dich. Hier an der Stelle hat sie früher gesessen.«
Er trat ein und fand eine alte Frau, die ihm sagte, er solle sich auf denselben Platz setzen, auf dem früher seine Frau gesessen hatte. Er gab ihr das Kaninchen, das er geschossen hatte, denn er war wirklich hungrig.
»Ach, mein Enkel muß sehr hungrig sein«, rief sie, »ich werde für ihn kochen.«
Ihr Kessel war nicht größer als ein Fingerhut. Sie tat einen Brocken Fleisch hinein und ganz wenig Beeren. Der junge Mann fand, das sei aber sehr wenig, hungrig wie er nun einmal war.
»Ach, mein Enkel«, sagte die alte Frau, als wolle sie seine Gedanken beantworten, »noch keiner hat alles aufgegessen, was mein Kessel hergibt. Du täuschst dich, wenn du meinst, das würde nicht reichen.«
Aber er war immer noch dieser Meinung und glaubte ihr nicht.
Nachdem das Essen gekocht war, sagte sie: »Iß, nosis!«
Und sie gab ihm einen Löffel. Er holte das Stück Fleisch heraus und die Beere, aber als er es gegessen hatte, war der Kessel immer noch voll. Er aß und aß, und der Inhalt des Kessels nahm nicht ab. Als er einfach nichts mehr essen konnte, war immer noch etwas im Kessel.
Da erklärte ihm die Großmutter, daß er eine von zehn Schwestern geheiratet habe.
»Es sind keine richtigen Menschen«, sagte sie, »sie kommen von oben ... aus den Himmeln. Sie haben zehn Brüder. Auf deinem Weg wirst du noch drei Großmüttern begegnen. Jede wird dir raten, wie ich es dir auch rate, umzukehren, aber wenn du trotzdem darauf beharrst, weiterzugehen, werde ich dir zwei Knochen geben, mit deren Hilfe kannst du über das Gebirge gelangen.«
Nun aber war die alte Frau in Wahrheit ein Elch und überhaupt keine menschliche Großmutter.
»Wenn du in Schwierigkeiten kommst, mußt du rufen ›wo ist meine Großmutter?‹ Und dann benutze die beiden vorderen Schienbeinknochen des Elchs, die ich dir hier gebe.«
Er schlief dort, und am Morgen gab sie ihm aus demselben Kessel

zu essen. Als er fertig war, sagte sie zu ihm: »Du brauchst dich nicht zu beeilen. Selbst, wenn du unterwegs rastest, wirst du die nächste Großmutter am Abend erreichen. Wenn du aber schnell gehst, wirst du erst in der Nacht dort ankommen.«
Er nahm seinen Weg schnell unter die Füße, denn er glaubte der Großmutter nicht. Am Abend tötete er ein Kaninchen, und als er aus dem Busch kam, stand da wieder so eine einsame Hütte.
»Ach, mein Enkel. Hier ist Platz, komm nur herein«, rief eine Stimme. »Deine Frau ist hier gestern morgen vorbeigekommen.«
Die alte Frau kochte für ihn, so wie es die andere Großmutter getan hatte. Wieder glaubte er nicht, daß ihr Kessel so viel enthalte, denn er hatte die erste Großmutter vergessen. Diese Großmutter war älter als die andere. Die erste war die jüngste gewesen. Sie waren alle Schwestern.
»Warum hast du meiner Schwester nicht geglaubt, als sie dir riet, du solltest langsam wandern? Wenn du schnell gehst, machst du deinen Weg nur länger. Hau nosis! Es ist ein schwieriges Land, in das du reist«, sagte sie. Sie gab ihm ein Eichhörnchenfell und sagte: »Gebrauche dies, nosis, wann immer du in Schwierigkeiten gerätst. ›Wo ist meine Großmutter?‹ mußt du dann rufen. Das macht alles leicht. Du rufst und wirfst es fort. Du wirst bis morgen früh hier bei mir bleiben.«
Sehr zeitig am nächsten Morgen brach er auf. Er ging ganz langsam, in ein paar Minuten war es Nacht und er erlegte wieder ein Kaninchen. Als er aus dem Busch kam, sah er wieder eine Hütte, eine kleine, nicht ganz so schäbige wie die anderen. Die alte Frau sagte zu ihm: »Deine Frau ist heute morgen hier vorbeigekommen.«
Und auch diese Großmutter machte Essen für ihn, wie die anderen zuvor es getan hatten. Diesmal war es Mais. »Nosis, die letzte Großmutter, meine Schwester, gab dir einen guten Rat. Deine Frau hat bereits ein Kind. Geh sehr langsam und du wirst am Abend dort ankommen. Es ist nicht weit von hier. Du gehst in ein sehr schwieriges Land. Vielleicht schaffst du es auch gar nicht hinzukommen.« Sie gab ihm einen ausgestopften Frosch und etwas Leim. »Wenn es dir schwerfällt, die steilen Berge zu ersteigen, dann rufe ›Wo ist meine Großmutter?‹, streich etwas Leim auf deine Handflächen, und du wirst es schaffen. Wenn du zu der nächsten Großmutter kommst, wird sie dich gut beraten. Dein Kind ist übrigens ein kleiner Junge.«

Am Morgen bekam er Frühstück und lief dann weiter. Er ging langsam, und es war bald Nacht. Er tötete wieder ein Kaninchen. Als er an die nächste Hütte kam, zu der es näher war als zu allen anderen, sagte die Großmutter, die er dort traf: »Sie erzählen, du seist hinter deiner Frau her. Sie ist vor vier Tagen im Morgengrauen hier vorbeigekommen.«

Der junge Mann trat in die Hütte ein und sah, daß die Großmutter von Angesicht ein schönes junges Mädchen war. Sie sagte: »Morgen zu Mittag wird deine Frau verheiratet, die jungen Männer sitzen im Kreis, und dein Kind geht unter ihnen von Hand zu Hand. Der Mann, auf den es pißt, wird der Vater sein. Und diesen Mann wird sie auch heiraten.«

Die alte Frau nahm ihren Gürtel ab, rollte ihn zusammen und überreichte ihn dem jungen Mann.

»Dies mußt du als letztes benutzen«, sagte sie, »wenn du Kummer hast, rufe ›Wo ist meine Großmutter?‹, roll den Gürtel aus. Er wird festkleben, und du kannst dich an ihm hinaufziehen. Vor Mittag wirst du eine fast senkrechte Wand erreichen. Deine Frau ist keine von unseren Leuten. Sie ist eine von den Donner-Leuten.«

In dieser Nacht rastete der junge Mann dort. Am Morgen bekam er etwas zu essen.

»Wenn es dir gelingt, über das Gebirge zu kommen«, sagte die Großmutter, ehe er aufbrach, »wirst du an einen Berg kommen und einen steilen Abhang sehen. Dort wirst du ein Nest finden. In dem Nest liegt ein Ei. Das ist das Nest der Donner-Leute. Wenn du dann absteigst, triffst du an die letzte schwierige Stelle. Ein großer Baumstamm liegt über einem Fluß. Der Fluß ist tief, und der Baumstamm dreht sich ständig. Dort findest du ein großes Lager, dem dein Schwiegervater vorsteht. Ihm gehört dort alles. Es gibt auf dieser Seite eine alte Frau. Sie ist unsere Schwester, sie ist die zweitälteste von uns. Du wirst sehen, daß dort Knochen verstreut liegen. Viele junge Männer gehen dorthin und schauen sich nach einer Frau um. Deren Knochen sind das. Die Donner-Leute bringen sie alle um. Einige haben sie schon in Stücke geschnitten, als sie versuchten, über das Gebirge zu kommen.«

Als der Junge zu dem Gebirge kam, nahm er zwei Knochen und rief: »O Großmutter! Wo bist du?« Und als er rief, antwortete sie aus der Ferne: »He, nosis, fort mit dem Kummer!«

Er trieb die Knochen in das Gestein und kletterte höher und

höher, indem er sie immer wieder versetzte. Als er sich umsah, erkannte er, daß er schon hoch oben war. Er machte weiter, bis die Knochen immer mehr abbröckelten. Da mußte er innehalten. Er holte das Eichhörnchenfell heraus, rief seine Großmutter um Hilfe an und warf das Fell von sich. Irgend etwas hob ihn in die Luft. Plötzlich merkte er, daß es nicht weiterging. Er holte den Leim aus seinem Bündel. Er rief nach seiner Großmutter und hörte sie antworten. Sie sagte ihm, er werde gleich eine Rinne finden. Dort solle er ausruhen. Dann rief er die nächste Großmutter an, hörte sie antworten und warf seinen Gürtel aus. Der Gürtel hing am Fels und an ihm hangelte er sich bis zum Gipfel. Er spürte, daß das Gestein dort messerscharf war. Dann wurde er zu einer Adlerdaune.

»Die Adlerdaune liebte mich einst. Eine Adlerdaune will ich sein und über den Gipfel geweht werden«, hatte er gerufen.

Bis zum Nest der Donner-Leute wehte es ihn. Er sah zwei von ihnen und ihr Ei. Er fand von dort aus einen Weg, bis er zu dem rollenden Stamm kam, der über den tiefen Fluß führte. Er kam herunter und wurde hinübergeweht. Obwohl dort schon viele umgekommen waren, schaffte er es, den Fluß heil zu überqueren. Er ging weiter und gelangte schließlich an eine kleine niedrige Hütte mit einem kleinen Stein neben ihr. Seine letzte Großmutter hatte ihm geraten, dort einzutreten. Das war die Behausung einer ihrer Schwestern. Also ging er hinein.

»Ha, ha, nosis!« rief sie, »vor langer Zeit haben sie gesagt, daß du hinter deiner Frau her bist. Sie wird gerade verheiratet.« »Ja«, sagte er. Die Heirat sollte in einer Hütte stattfinden. Er schlich sich hin, schaute hinein. Ein Mann sagte zu ihm: »Komm nur ruhig herein. Unser Häuptling sagt, wir sollen das Kind im Kreis herumreichen, und auf wessen Brust es pißt, der soll der Ehemann der Mutter sein.«

Er trat ein. Das Mädchen sah ihn und sagte zu ihrer Mutter: »Oh, das ist derjenige, den ich geheiratet habe.«

Als er da hinkam, war Mudjikiwis (nicht sein Bruder, sondern ein anderer, einer von den Donner-Leuten) auch da. Sie nahmen das Kind. Sie griffen das Kind. Ein Mann reichte es an den anderen weiter. Mudjikiwis, der Mudjikiwis unter den Donner-Leuten, hatte Speichel im Mund gesammelt. Er griff das Kind und rief: »Komm her, nosis!« Und er spie das Wasser aus seinem Mund auf sich selbst, aber als er sein Anrecht auf das Kind geltend machte, lachten all die anderen, denn sie waren hinter seinen Trick gekommen. Als der tatsächliche Vater des Kindes es aufnahm, pißte es auf ihn. Da gingen alle hinaus. Der Häuptling sagte: »Laßt meinen Schwiegersohn nicht noch lange umhergehen, denn er ist müde. Er soll nicht zehn Tage laufen.«

In der Hütte sah der junge Mann den Pfeil stecken, den sein Bruder auf seine Frau abgeschossen hatte. Der Schwiegervater verbrannte süßes Gras in der Nähe des Pfeils immer dann, wenn er einmal kurz zurückkam, denn tagelang war er immer wieder fort. In der fünften Nacht spürte der junge Mann, daß er sich etwas erholt hatte und er wieder laufen konnte.

Dann fragte er seine Frau: »Warum räuchert dein Vater vor diesem Pfeil?« Und sie antwortete: »Ach, weißt du, wir haben einen solchen Gegenstand hier oben zuvor nie zu Gesicht bekommen. Er stammt von unten, deswegen halten wir große Stücke auf ihn. Deswegen tut er das auch.«

In der sechsten Nacht konnte der junge Mann im Gebüsch umhergehen, und er kam an eine Quelle. Auf der Oberfläche des Wassers nahm er einen Schleier aus rostiger Farbe wahr. Damit bemalte er sich das Gesicht.

Er ging zurück, und als er eintrat, rief sein Schwiegervater: »Ach, deswegen wollte ich einen Schwiegersohn, der ein menschliches Wesen ist. Wo hat er diesen Bären getötet? Er ist ja mit Blut beschmiert. Geht und verbindet ihn.«

Der junge Mann bekam es mit der Angst zu tun. Er hatte doch überhaupt keinen Bären gesehen.

»Deine Leute aus der Welt unter uns«, sagte seine Frau, »nennen das Tier den Riesen-Panther. Zeig deinem Schwager, wo es ist.«

Der Junge führte seinen Schwager zu der Quelle.

»Hier bin ich dem Panther begegnet«, sagte er.

Zehn von den Donner-Leuten kamen und schlugen die Quelle und töteten etwas darin. Danach sah sich der junge Mann nach anderen Quellen um und fand noch eine ganze Menge davon.

Eines Tages fragte er seine Frau: »Warum geht denn dein Vater immer einen ganzen Tag fort?«

Und die Frau sagte: »Es gibt hier oben einen großen See. Dort jagt er nach Fischen. Jeden Tag tötet er einen. Selten nur tötet er zwei. Er ist der einzige Mann, der das kann.«

Am nächsten Morgen ging der junge Mann zu dem See. Er traf seinen Schwiegervater dort am Ufer sitzend beim Fischen an. Der alte Mann hatte einen besonderen Speer mit Gabelzinken am Ende. Der junge Mann nahm ihn und spießte Barben damit

auf. So fing der Alte an diesem Tag viele Fische. Sie gingen heim.
Als sie zu den Hütten kamen, sagte der Schwiegervater: »Mein Schwiegersohn hat heute viele gefangen. Ich bringe es nur fertig, einen zu töten, manchmal zwei.« Also sagte er allen Leuten, sie sollten herbeikommen und zulangen.
Am folgenden Tag ging der junge Mann auf Wunsch seiner Schwiegermutter mit seiner Frau fischen. Sie fingen viele Fische und trugen sie heim. Der Schwiegervater wußte schon, ehe sie daheim ankamen, daß sie viele gefangen hatten.
Der alte Mann hatte einen Traum. Als er sah, wie der junge Mann den Speer vorbereitete, den seine Tochter ihm gegeben hatte, sagte er, sich an seinen Traum erinnernd: »Mein Traum war falsch. Ich dachte, die jüngste der zehn würde mich am meisten lieben. Ich machte den Speer, so wie ich ihn sah, nicht wie diese es mir gezeigt hat. Wegen meines Traumes geriet alles falsch. Ihr neun Brüder werdet jetzt eine harte Zeit haben. Nun, meine Söhne, eure Schwestern werden jetzt bald fortgehen, um zu heiraten.«
Neun Nächte sah der junge Mann ein Licht undeutlich in der Ferne. Der Schwiegervater sagte zu ihm: »Geht dort nicht hin. Dort leben sehr mächtige Wesen.«
Am zehnten Abend aber mißachtete der junge Mann sein Verbot. Als er zu der Stelle kam, sah er einen hohen Baum und ein gewaltiges Stachelschwein, das sich am Fuße des Baumes eingrub. Das Stachelschwein warf den Baum um. Es schoß seine Stacheln auf den jungen Mann ab. Aber dann hatte es keine Stacheln mehr. Da hieb der junge Mann es auf den Schädel und nahm zwei lange Stacheln, die in den Stamm des Baumes gefahren waren, mit heim. Schon ehe er dort ankam, wußte sein Schwiegervater, was geschehen war. Sie freuten sich alle sehr, denn das Stachelschwein hatte zuvor noch jeden der Donner-Leute, dem es begegnet war, getötet. Der Schwiegervater befahl seinen Söhnen, das Stachelschwein abzuhäuten. Diese gaben zwei Federkrausen der Frau des jungen Mannes, obwohl sein Schwiegervater sie haben wollte.
Der Schwiegervater sprach: »Meine Kinder, dieses Stachelschwein tötete all unsere Freunde, als wir gegen es auszogen. Meine Schwiegersöhne unten sind elend und einsam.«
Die älteste der Töchter, die Mudjikiswe'wic genannt wurde, freute sich über diese Nachricht.

»Du wirst den Ältesten, Mudjikiwis, heiraten«, sagte man ihr. Sie wurden alle verheiratet, wie es sich geziemt. Das älteste Mädchen mit dem ältesten der Brüder, das jüngste mit dem jüngsten.
Der alte Mann sprach: »Mudjikiskwe'wic soll ihren Schwager mitnehmen, wenn sie hinab auf die Erde geht.«
Die junge Frau stieg hinunter. Sh-swsh machte dabei ihr Kleid. Sie erreichten eine steile Stelle, und die verheiratete Frau sagte zu ihrem Mann, sie würden sie fliegend überwinden.
»Wenn du mich aber nicht fängst, wenn ich vorbeifliege, wirst du getötet werden«, warnte sie ihn.
Die Frauen gingen ein Stück fort. Ein schweres Gewitter zog auf mit schwarzen Wolken und Blitzen. Der junge Mann sah, wie sich Mudjikiskwe'wic mitten in dem Gewitter befand. Sie war grün, und grün sah die Sonne aus. Als sie vorbeiflogen, rief sie einmal, dann noch mal, und es klang etwas näher, und abermals hörte man sie rufen, und es klang ganz nahe.
Da sprang er ab und faßte sie am Rücken. Er schloß seine Augen und öffnete sie erst wieder, als seine Frau aus dem Reich der Donner-Leute sagte: »Jetzt wollen wir gehen.«
Da merkte er plötzlich, daß er daheim war. Er ließ die Frauen zurück, ging zum Zelt und öffnete die Tür ein wenig.
Kaum war er drinnen, so rief er: »Meine Brüder. Hier bin ich!«
Sie lagen in der Asche um das Feuer.
»Wir werden immer wütend, wenn der kanadische Häher uns das zuruft«, sagten sie und warfen Asche gegen die Tür hin.
»Meine Brüder, ich komme«, sagte er wieder.
»Ach, was die Krähen krächzen, macht uns zornig«, sagten sie nur und warfen Asche gegen die Tür hin.
»Meine Brüder, ich komme«, rief er abermals, und wiederum warfen sie Asche.
Da rief er zum vierten Mal: »Meine Brüder, ich komme, steht auf.«
Da sagte Mudjikiwis: »Schaut. Sehr ihr nicht, wer das ist? Sie sagen es nie vier Mal.«
Sie schauten auf. Ihre Augen waren geschwollen, so lange hatten sie um ihren Bruder geweint. Sie waren alle beschmiert mit Asche. Als sie die Augen aufschlugen, sahen sie ihren fünften Bruder wieder lebendig vor sich.
»Steht auf, wascht euch die Gesichter. Schafft Ordnung«, sagte er. »Ich habe Frauen für euch mitgebracht.«

Mudjikiwis war froh, als er das hörte. Er und die anderen begannen, sich herauszuputzen. Sie nahmen weiße Erde und bemalten sich die Gesichter damit. Mudjikiwis griff seine blinzelnde Kriegskeule, und sie machten das Zelt größer, indem sie neue Pfähle einschlugen. Der fünfte Bruder rief die Schwägerinnen, und sie kamen alle herein. Der fünfte Sohn sagte Mudjikiskwe'wic, die jüngste der Schwestern möge zuerst hereinkommen, sie aber zuletzt, obwohl es eigentlich der Sitte gemäß gewesen wäre, daß der älteste Bruder seine Frau als erster empfangen hätte. »Komm nicht eher, bis ich rufe und dir sage: ›Jetzt kommt, meine Brüder wollen nicht länger warten.‹«
Mudjikiskwe'wic versprach ihm das.
Mudjikiwis saß, die Hände vor dem Gesicht und blinzelte auf jedes der Mädchen. Er sah, wie sie sich zu seinen Brüdern setzten. Jeder hatte schließlich eine Frau. Dann entstand eine Pause. Mudjikiwis begann zu weinen und zu schluchzen. Schließlich hatte der fünfte Bruder Mitleid mit ihm. Er rief das Mädchen herein. Sie kam, und ihre Kleider machten ein raschelndes Geräusch. Da war Mudjikiwis sehr froh.
»Aber womit sollen wir sie nur ernähren?« sagte einer.
»Laß mal sehen«, sagte Mudjikiwis. Er nahm seine blinzelnde Keule und ging hinaus. Draußen erschlug er einen Bären.
»O Weib. Wir werden eine Mahlzeit mit Bärenfleisch haben«, rief er.
Mudjikiskwe'wic antwortete: »Oh, du jagst meinen jüngeren Bruder.«
»Ach, das tut mir leid, meinen Schwager wollte ich nicht töten«, erwiderte er.
Und sie sind heute immer noch verheiratet und leben, wo die Sonne nicht scheint.

MÄRCHEN, ENTLIEHEN VOM WEISSEN MANN

Der siebenköpfige Drachen

Es war einmal ein alter Mann, der lebte mit seiner Frau allein. Sie hatten ein Pferd und einen Hund, einen Spaniel. Sie jagten und fischten nur in dem großen See. Einmal kam eine Zeit, da wollten überhaupt keine Fische in ihre Netze gehen. Sie wurden sehr hungrig. Der Mann ging eines Morgens nach den Netzen sehen. Da fand er darin einen Fisch mit einem besonders großen Kopf. Er wollte ihn gerade töten, als der Fisch sprach: »Warte mal, alter Mann. Töte mich nicht auf der Stelle!«
Der alte Mann hielt inne, und der Fisch riet dem alten Mann, er solle all seine Schuppen abschaben, aber keine davon verlieren und sie in seinen Garten streuen. Er sagte ihm auch, er solle seine Kiemen abschneiden und sie auch im Garten in den Boden stecken, er solle seinen Kopf seinem Weib zu essen geben, den Körper dem Hund und alles andere dem Pferd. Er riet dem alten Mann, den Stall zu verschließen und vier Tage und vier Nächte

nicht hineinzuschauen, er riet ihm auch, für vier Tage und vier Nächte keinen Blick auf die Schuppen zu werfen.

Der alte Mann schlachtete dann den Fisch und nahm ihn mit heim. Er erzählte seiner Frau, was er erlebt hatte, und sie fragte: »Ist das auch wahr?«

»Ja«, antwortete der alte Mann, zerschnitt den Fisch und warf ihn in den Garten. Er gab auch seiner Frau davon zu essen und fütterte den Hund und das Pferd, wie ihm der Fisch das aufgetragen hatte, und verschloß den Stall.

Vier Tage und vier Nächte konnte er nicht schlafen. Seine Frau wurde schwanger, und am vierten Morgen brachte sie zwei Söhne zur Welt. Da freute sich der alte Mann. Er rannte in den Stall und sah, daß das Pferd zwei Fohlen hatte und der Hund zwei junge Hunde. Er ging in den Garten. Dort, wo er die Schuppen ausgesät hatte, wuchs Silbergeld. Und wo die Kiemen hingefallen waren, wuchsen zwei schöne Schwerter. Der alte Mann lief ins Haus und erzählte seiner Frau, was geschehen war, und sie freute sich. Danach fing der Mann viele Fische. Rasch wuchsen seine Jungen heran.

Eines Tages, als sie am Abend daheim waren, sagte der älteste Junge: »Gibt es noch andere Leute auf der Welt?«

»Gewiß doch«, antwortete der Vater, »es gibt viele verschiedene Stämme und Völker.«

»Wo kann ich sie finden?«

»Du kannst sie überall finden.«

Der Junge sagte: »Dann will ich morgen anfangen und einige dieser Stämme und Völker besuchen.«

Sein Schwert ließ er zurück und sagte zu seinem Bruder: »Ich nehme deins und lasse meins hier hängen. Rühr es nicht an.«

Dann ging er fort. Um die Mittagszeit stieg er von seinem Pferd und trank aus einer Quelle. Er fand silbernes Wasser, und als er seinen Finger hineinhielt, wurde er festes Silber. Er ließ etwas von dem Wasser in das Ohr des Pferdes rinnen, und es wurde Silber. Auf gleiche Weise ließ er die Ohren seines Hundes und sein Haar zu Silber werden. Dann ging er fort.

Als er zu einer großen Stadt kam, zog er seine Kleider aus und legte alte Kleider an. Er wickelte Lumpen um seinen Finger und breitete ein Taschentuch über sein Haar. Er hatte einen kleinen Kasten, in den sperrte er das Pferd und den Hund, nachdem er sie ganz klein hatte werden lassen. Den Kasten stellte er in der Schmiede ab.

Der Schmied schaute ihn an. »Wo bist du denn her?«
»Ist das eine Stadt hier? Ich bin sehr arm.«
»So komm herein!«
Der Schmied sah ihn an. Er sagte: »Du kannst hierbleiben, wenn du willst«, und er stellte ihn ein, um das Haus zu kehren.
Eines Nachts kam der Schmied heim und sagte: »Der König in dieser Stadt hat eine schöne Tochter, und sie soll an das Ungeheuer mit den acht Köpfen verfüttert werden. Es frißt nur Menschen.«
»Und wann wird man das Mädchen ihm vorwerfen?«
»Morgen früh.«
Am nächsten Tag, nachdem er seine Arbeit getan hatte, ging der Junge aus. Er stieg auf sein Pferd, nahm seinen Hund, legte seine guten Kleider an und ritt aus der Stadt hinaus. Nach einer Weile hörte er im Wald ein Weinen. Er ging diesem Geräusch nach und fand ein junges Mädchen, das laut weinte. Aber sie hörte auf zu weinen, als sie den Jungen sah.
Der junge Mann fragte sie: »Warum weinst du?«
»Es hat keinen Zweck, daß ich dir das erkläre.«
»Ach was, sag es mir. Wohin gehst du denn?«
»Es hat keinen Zweck, daß ich dir das erkläre.«
»O doch, du mußt es mir sagen.«
Da merkte das Mädchen, daß er ein Fremder war, und sie sagte: »Ich will es dir sagen. Ich gehe dort in diese Schlucht. Dort sitzt ein achtköpfiger manitou, und ich muß mich von ihm auffressen lassen.«
»Aber warum?«
»Er will es so.«
»Und was ist, wenn du nun nicht gehst?«
»Dann verschlingt er alle Leute in der Stadt. Deswegen muß ich gehen.«
Da sprach der Junge: »Erst einmal gehe ich. Du kannst immer noch gehen, wenn ich zurückkomme.«
»Nein, nein, ich muß gehen. Ich werde dort gewiß sterben.«
»O nein. Ich werde gehen, und ich komme auch zurück. Du bleibst hier.«
»Also geh, aber er wird dich töten«, sagte sie und gab dem Jungen einen Ring. Dann ging er zum Rand der Schlucht. Er sah, daß die Bäume wackelten vom Atem des manitou. Er blieb stehen, sprach zu seinem Pferd und zu seinem Hund: »Versucht alles, um mir zu helfen.«

Das Pferd und der Hund sanken tief in den Boden ein. Der Junge nahm sein Schwert und hieb dem Drachen einen Kopf ab. Sofort wuchs der Kopf aber wieder nach.
Der Junge befahl dem Hund, den Kopf aufzufangen. Wieder traf er den Drachen und hieb ihm einen seiner Köpfe ab. Der Hund packte den Kopf und schüttelte ihn.
Der Junge hieb noch einen Kopf ab. Das Pferd versetzte dem abgehauenen Kopf einen Tritt, daß er fortflog.
Als der Junge dem Ungeheuer vier Köpfe abgehauen hatte, schnaufte es schon beträchtlich.
Endlich gelang es ihm, den Drachen zu töten.
Er schnitt alle Zungen aus den Mäulern und wickelte sie in Taschentücher.
Als er in den Wald zurückkam fand er dort das Mädchen, das auf ihn wartete. Er erzählte ihr, daß der manitou tot sein. Er sagte ihr, sie solle heimgehen. Er gab ihr die Zungen mit, schärfte ihr aber ein, nichts darüber zu sagen, wer das Ungeheuer getötet hatte.
»Gib die Zungen deinem Vater. Sag ihm, ein junger Bursche habe die Tat vollbracht, aber du wüßtest seinen Namen nicht.«
Der Schmied arbeitete daheim und sah sie kommen.
»Wo kommst du her«, sagte er zu dem Mädchen, »du sollst dich doch von dem Ungeheuer auffressen lassen.«
»Der Drache ist tot.«
»Den kann keiner töten.«
Das Mädchen zeigte ihm als Beweis, daß der manitou tot war, die Zungen. Da glaubte der Schmied es ihr und wollte wissen, wer das Ungeheuer getötet habe.
»Ich weiß nur, daß er jung ist«, antwortete das Mädchen.
»Geh heim und sag deinem Vater, ich hätte ihn getötet«, verlangte der Schmied, »besser, ich komme gleich mit dir, und wenn du nicht tust, wie ich dir geheißen, so hat dein letztes Stündlein geschlagen.«
Das Mädchen sagte, sie sei einverstanden, und er ging mit ihr.
Ihr Vater und ihre Mutter fragten sie, weshalb sie zurückgekommen sei, und sie erzählte ihnen, daß der Schmied den manitou getötet habe. Sie rief den Schmied vor Vater und Mutter, und die fragten ihn: »Wie hast du das fertig gebracht?«
»Ich habe immer auf die Zungen geschlagen.«
Der König war froh, er gab dem Schmied das Mädchen.

Der Junge kam heim, er steckte das Pferd wieder in den Kasten und legte seine alten Kleider an.
Vor der Hochzeit sollte es einen Tanz über vier Tage hin geben. Nach drei Nächten war der Schmied sehr froh und sagte dem Jungen, daß dies nun die letzte Nacht sei. Da legte der Junge seine guten Kleider an. Er kam ins Haus und setzte sich nahe der Tür hin.
Das Mädchen erkannte ihn sofort, und sie erzählte ihrem Vater, daß in Wirklichkeit der Junge den Drachen mit den acht Köpfen erschlagen habe.
Der König lud den Jungen ein, auf einem der besseren Plätze sich hinzusetzen. Der Schmied wollte hinausgehen. Er gab vor, sein Magen schmerzte ihn, aber man ließ ihn nicht fort. Er wurde eingesperrt. Man führte ihn zur See und stieß ihn hinein. Der Junge heiratete das Mädchen. Der König gab ihm die halbe Stadt, sein halbes Geld und die Hälfte von allem, was er besaß. Er war so froh, daß seine Tochter gerettet war.
Sie gingen hinauf in ihre Zimmer. Da gab es ein Fenster auf der Ostseite des Hauses, und von dort aus konnte man in der Ferne ein blaues Feuer sehen.
»Was für ein Feuer ist das?« fragte der Junge.
»Frag besser nicht danach«, sagte die Prinzessin, »und geh nie nahe heran.«
Am nächsten Tag nahm der Junge sein kleines Pferd und den Hund und ritt zu dem Feuer. Er sah dort ein altes langes Haus. Er trat ein. Im ersten Zimmer war niemand. Nach einer Weile hörte er ein Geräusch. Die Tür ging auf.
Eine weißhaarige Frau kam herein und sagte: »Enkelkind, bind deinen kleinen Hund fest, er will mich beißen. Mir ist kalt.«
»Wärm dich nur. Der Hund wird dich nicht anrühren.«
»Du mußt ihn anbinden.«
»Ich habe nichts bei mir, um ihn anzubinden.«
Also gab ihm die alte Frau ein Haar und sagte: »Binde ihn damit an.«
Der Junge tat das, und er band auch das Pferd fest. Die alte Frau hatte einen Stock. Sie berührte ihn damit an den Füßen, und er starb.
Am anderen Morgen sah der Bruder, der daheim geblieben war, Rost an dem Schwert. Er sagte zu seinem Vater: »Ich fürchte, mein Bruder ist gestorben, denn sein Schwert ist rostig. Ich muß gehen und versuchen, ihn zu finden.«

Sein Vater war einverstanden und sagte ihm, er solle vorsichtig sein.
Am nächsten Morgen brach der ältere Bruder von daheim auf. Gegen Mittag fand er dieselbe Quelle, an der schon sein Bruder gewesen war, und tat dort dasselbe, was schon sein Bruder getan hatte. Am Abend kam er in die Stadt und ging zum Haus des Häuptlings. Das Mädchen kam heraus, küßte ihn und fragte ihn, wo er denn gewesen sei, aber er gab keine Antwort. Sie aßen etwas, und er dachte bei sich: »Das muß die Frau meines Bruders sein.«
In der Nacht weigerte er sich, zu Bett zu gehen. Durch die Fensterscheiben sah er das blaue Licht. Er fragte: »Was für Feuer sind das.«
»Warum gehst du nicht und siehst nach?«
Am Morgen ging er hin. Als er ankam, sah er das Pferd seines Bruders und dessen Hund, angebunden mit Messingdraht. Sie lagen da und waren erfroren. Er ging in das Haus. Bald hörte er jemanden kommen.
Die alte Frau erschien und sprach: »Ich bin alt.«
»Wärm dich doch am Feuer.«
»Erst einmal binde deinen kleinen Hund an.«
Er weigerte sich, das zu tun und sagte endlich: »Erst einmal, Großmütterchen, sorgst du dafür, daß dieser Mann, dieses Pferd und dieser Hund wieder lebendig werden. Und tust du das nicht, so werde ich meinen Hund auf dich hetzen.«
»Ich kann keinen toten Mann zum Leben erwecken.«
»Du mußt.«
»Nein.«
Da hetzte er den Hund auf sie.
Der Hund biß sie, und das Pferd schlug sie.
»Hör auf. Ich werde sie wieder lebendig machen.«
Er befahl den Tieren aufzuhören, und die alte Frau ging voran. Der Junge sah darauf, daß sie ihn mit ihrem Stock nicht berühren konnte. Sie sagte ihm, er solle eine kleine Flasche nehmen und die Flüssigkeit, die sie enthielt, über seinen erfrorenen Bruder ausschütten. Sobald einige Tropfen der Flüssigkeit seinen Mund berührten, kam er sogleich wieder zu sich. Auch der Hund und das Pferd wurden wieder lebendig. Dann töteten die beiden Brüder die alte Frau. Sie nahmen ihr die Flasche fort und gingen heim.
Als sie nebeneinander herritten, sagte der ältere Bruder: »Du

bist verheiratet, nicht wahr? Deine Frau hat mich mit dir verwechselt. Ich ließ sie aber nur in meinem Arm schlafen. So habe ich es herausgefunden.«
Als der jüngere Bruder das hörte, wurde er eifersüchtig. Er erschoß seinen Bruder mit seinem Revolver. Er erschoß auch dessen Hund und dessen Pferd. Dann ging er heim. Seine Frau freute sich, daß er wieder da war. Sie fragte ihn, warum er sich geweigert habe, in der letzten Nacht mit ihr zu schlafen.
»Du hast nur deinen Arm um mich gelegt«, sagte sie.
Da schämte sich der Mann und bedauerte es, daß er seinen Bruder getötet hatte. Er nahm sein Pferd und ritt zu der Stelle zurück, an der die Leiche lag. Er weinte. Sein kleiner Hund sprang um den Toten herum. Er schnüffelte immer wieder an der Manteltasche des Toten. Der Mann schaute nach, was es da wohl gäbe. In der Manteltasche steckte die kleine Flasche der alten Frau. Er träufelte ein paar Tropfen auf die Wunde. So wurde sein Bruder wieder lebendig. Er machte auch dessen Pferd und dessen Hund wieder lebendig. Sie ritten heim, versorgten Pferde und Hunde, gingen dann ins Haus und setzten sich hin. Die Frau des jüngeren Bruders sah sie an. Es war ihr unmöglich, die beiden auseinanderzuhalten.
Am nächsten Tag beschlossen die beiden Brüder, zu ihren Eltern zurückzukehren. Als sie zu einer Wegkreuzung kamen, machten sie ab, in verschiedene Richtungen zu reiten.
Der Ältere nahm die eine Straße und sagte: »Ich gehe diesen Weg, und mein Name wird Gott sein.«
Der andere sagte: »Ich nehme den anderen Weg. Von jetzt an bin ich der Teufel.«
Und damit ist diese Geschichte zu Ende.

John der Bär

Ein Mann lebte zusammen mit seiner Frau. Es war Sommer. Die Frau war schwanger. Eines Tages, während sie Beeren suchte, kam ein großer Bär und verschleppte die Frau und hielt sie dann in einer Höhle gefangen. Ehe es Frühling wurde, gebar die Frau ein Kind, das sie von ihrem ersten Mann empfangen hatte. Es

hatte viele Haare auf dem Körper, und deshalb wurde es Icmá (Viel der Haare) genannt.
Im Frühling kam der Bär aus der Höhle heraus. Der Junge sah sich um und sagte zu seiner Mutter: »Wir laufen besser dorthin davon, wo wir hergekommen sind.« Aber der Bär hatte den Eingang mit einem großen Stein verschlossen, und die Frau meinte: »Wir können nicht hinaus. Der Stein ist zu schwer.« Der Junge versuchte es, den Stein fortzurollen, aber er war noch nicht stark genug. Die Mutter half mit. Gemeinsam schafften sie es, den Stein beiseite zu schieben.
Sie flohen, ehe der Bär zurückkam. Sie waren schon nahe dem Dorf der Indianer, als sie den Bär kommen hörten. Die Frau war erschöpft, aber der Junge nahm sie auf seinen Rücken und rannte mit ihr ins Lager. Zuerst ging die Frau in die Hütte eines Fremden. Irgend jemand sagte dem Mann, seine Frau sei zurück. Da holte der Häuptling sie mit dem Kind zu sich heim.
Der Junge spielte mit den anderen Jungen. Einmal stritt er sich mit einem und tötete ihn mit einem Schlag. Das geschah wiederholt. Dann sagte Icmá zu seinem Vater: »Ich will nicht noch mehr Jungen töten. Ich werde in die Welt ziehen.«
Er brach auf und traf zwei Männer, die seine Kameraden wurden. Der eine hieß Holzdreher, der andere Bäumeschlepper. Sie bauten sich ein gutes Haus und beschlossen, dort zu bleiben. Am ersten Tag gingen Icmá und Holzdreher zusammen los. Sie baten Bäumeschlepper, daheimzubleiben und zu kochen. Während sie fort waren, kam das Untier, das in der Nähe des Hauses wohnte. Es warf Bäumeschlepper auf den Rücken und tötete ihn. Die beiden anderen Männer fanden ihn tot, aber Icmá erweckte ihn wieder zum Leben.
Am nächsten Tag sprach Icmá: »Holzdreher, bleibe du heute daheim, ich will mit Bäumeschlepper auf die Jagd gehen.«
Als die Sonne unterging, fing Holzdreher damit an, Brennholz zu hacken. Er sah etwas aus dem Haus kommen, das sah aus wie ein Mensch, es hatte einen langen weißen Bart, der bis an die Hüfte reichte, aber Fingernägel, so lang wie Bärenklauen. Das Ungeheuer griff den Mann an. Als seine beiden Kameraden heimkamen, fanden sie ihn tot, aber Icmá erweckte ihn wieder zum Leben.
Am nächsten Tag sprach Icmá: »Geht ihr beide heute auf die Jagd. Ich werde daheimbleiben.«
Als er anfing, Holz zu hacken, erschien das Monster wieder und

forderte ihn zum Kampfe heraus. Icmá griff seinen Schädel, schnitt ihn ab und ließ die Leiche im Haus liegen.
Als seine Kameraden zurückkehrten, fragte er sie: »Warum habt ihr ihn nicht so getötet?«
Dann sagte er: »Mir gefällt es nicht mehr in diesem Haus. Kommt, wir gehen auf Reisen.«
Sie brachen auf und kamen zu einem großen Lager.
Der Häuptling sagte: »Meine drei Töchter sind von einem Wesen aus der Unterwelt entführt worden. Wer immer sie mir zurückbringt, soll sie heiraten.«
Icmá befahl Bäumeschlepper, Holz zu holen, und Holzdreher ließ er aus dem Holz ein Seil drehen. Dazu braucht man besondere Kräfte und Geschicklichkeit. Icmá stieg an dem Seil in das Land in der Unterwelt hinab. Er zog am Seil, damit seine Freunde wußten, daß er gut angekommen war.
Er fand die drei Mädchen. Die erste wurde bewacht von einem Berglöwen, die zweite von einem großen Adler, die dritte von riesigen Kannibalen. Icmá tötete den Löwen.
Das Mädchen sagte: »Besser, du machst dich davon, sonst tötet dich der Adler.«
Er aber erschlug den Adler.
Dann sagte das Mädchen: »Die Kannibalen sind üble Burschen. Besser, du gehst heim.«
»Ich warte auf dich.«
Zwölf Menschenfresser kamen brüllend angerannt. Sie waren so groß wie Bäume.
Das Mädchen sagte: »Renn, so schnell du kannst.«
Aber Icmá blieb und bestellte sich zwei Schleudern. Mit der ersten schoß er einen Stein ab. Der fuhr durch sechs der Menschenfresser und streckte sie glatt nieder. Mit der anderen Schleuder tötete er die restlichen Menschenfresser auf die gleiche Weise. Eines der Mädchen gab ihm ein Taschentuch, die zweite einen Schlips und die jüngste einen Ring. Er führte sie zu einer Kiste und zog an dem Seil. Seine zwei Kameraden zogen die Älteste hinauf. Beide wollten sie heiraten, aber Icmá zog wieder am Seil, und sie zogen das zweite Mädchen herauf. Dann setzte sich Icmá zusammen mit der Jüngsten in die Kiste und zog am Seil.
Während sie auf dem Weg nach oben waren, sagte Holzdreher: »Laß uns das Seil durchschneiden.«
Der andere Mann weigerte sich, aber Holzdreher schnitt das Seil

durch, und Icmá stürzte hinab. Er blieb lange dort unten, während seine Gefährten die Mädchen zu dem Häuptling brachten.
Schließlich bat Icmá einen großen Vogel, ihn hinaufzutragen. Der Vogel behauptete, er habe nicht genug zu fressen für einen so langen Flug. Da erlegte Icmá fünf Elche und packte deren Fleisch auf den Rücken des Vogels und stieg mit dem dritten Mädchen auf.
Beim Hinauffliegen fütterte Icmá den Vogel mit Elchfleisch, und als der Vorrat erschöpft war, schnitt er Stücke aus seinem eigenen Körper und gab sie dem Vogel zu fressen.
Icmá kam gerade an dem Tag oben an, als seine falschen Freunde im Begriff waren, die Mädchen zu heiraten.
Alle Leute waren versammelt. Icmá zeigte sich. »Ich möchte in die Hütte gehen, ehe sie heiraten«, sagte er.
Als er hereinkam, bekam Holzdreher es mit der Angst zu tun. »Ich gehe nur eben mal raus. Ich bin gleich wieder da«, sagte er. Aber er kehrte nie zurück. Dann fragte der Häuptling: »Wer von euch dreien hat die Mädchen gerettet?«
Da zeigte Icmá das Taschentuch, den Schlips und den Ring, und er bekam die drei Mädchen zu Frauen.

Die Töchter des Donners

Donner war ein großer Häuptling, der im Himmel wohnte. Er hatte drei Töchter, und alle jungen Männer auf Erden hätten die Mädchen gern geheiratet. Aber da hatten sie kein Glück. Wenn nämlich ein Freier bei Donner um die Hand seiner Tochter anhielt, tötete der Häuptling ihn auf der Stelle. Das stellte er jeweils so an: Er bat den jungen Mann, ins Haus zu gehen und ihm etwas zu essen zu holen. Er machte ihm sogar die Tür auf, und freilich ging der junge Mann hinein. Aber das Haus war eine Bärenfalle, und die Bären töteten ihn dann.
Einmal kam ein junger Mann, der wagte es trotzdem, um eine der Töchter zu werben, und als er sich dem Haus näherte, kam er an einem kleinen See vorbei, in dem die drei Frauen badeten. Der junge Mann versteckte sich und schlenderte dann zu der Stelle, an der die Kleider der Frauen lagen. Er setzte sich auf die Kleider. Die Frauen schämten sich und wollten nicht herauskommen. Sie

berieten sich im Wasser miteinander. Die Älteste sagte, er könne die Jüngste von ihnen haben, wenn er nur mit den Kleider herausrücke, aber der junge Mann lehnte ab. Dann sagte sie, er könne beide Schwestern haben, aber der junge Mann erwiderte: »Ich will dich!«

Da sagte sie: »Ich bin ein armes Weib, was soll ich machen? Also gut, gib uns unsere Kleider wieder, und ich heirate dich.«

Der junge Mann war einverstanden. Er drehte sich um und gab ihnen Gelegenheit, sich anzuziehen. Sie gingen zusammen zum Haus ihres Vaters, und unterwegs erzählten die Frauen, wie ihr Vater immer die Freier losgeworden war. Sie rieten ihm auch, was er tun solle, um mit dem Leben davonzukommen.

Als sie das Haus erreichten, trafen sie vor der Tür den Häuptling Donner, und der trug dem jungen Mann auf, ins Haus zu gehen und ihm etwas zu essen zu holen. Er gehorchte, wie die anderen Freier vor ihm gehorcht hatten. Es gab aber auf der anderen Seite des Raumes eine zweite Tür, und durch die rannte der junge Mann rasch hinaus ins Freie, ehe die Bären Zeit fanden, ihn zu töten. Seine Frau wartete auf ihn, und sie gingen zusammen in ihr Haus und verbrachten die Nacht miteinander.

Zeitig am Morgen gingen sie zu Donners Haus, und Donner sagte: »Mein Haus ist zu alt. Wenn du mir ein neues baust, kannst du meine Tochter haben.«

Der junge Mann kauerte sich hin, verhüllte seinen Kopf und dachte genau nach.

Gar nicht lange darauf hielt er seinen Kopf nicht mehr bedeckt und siehe, da stand ein schönes Haus. Aber Donner weigerte sich, ihm das Mädchen zu geben. Er sagte zu ihm: »Mein Garten ist in einem sehr schlechten Zustand. Er ist voller Steine und Unkraut. Wenn du ihn gesäubert hast, will ich dir meine Tochter geben.«

Also setzte sich der junge Mann wieder hin, bedeckte seinen Kopf, und als er ihn nach einiger Zeit nicht mehr bedeckte – schwups: da war der Garten gejätet und sauber. Aber immer noch wollte ihm Donner die Tochter nicht geben.

Jede Nacht ging der junge Mann in das Frauenhaus und schlief bei ihr. Und sie verriet ihm all die Arten, auf die ihr Vater die Männer umgebracht hatte; trotzdem aber hatte sie große Angst, der Vater könne ihren Ehemann hereinlegen und töten. Schließlich schlug sie dem jungen Mann vor, davonzulaufen. Also

nahmen sie all ihre Kleider und den Besitz des Mädchens. Alles zusammen füllte das mehrere Hütten, aber der junge Mann zauberte daraus eine dünne Rolle, die steckte er in seine Decke, und sie machten sich davon.
Am nächsten Tag, als Donner entdeckt hatte, daß der junge Mann mit seiner Tochter davongelaufen war, machte er sich an die Verfolgung. Schon von weitem hörten sie ihn kommen und bekamen Angst.
Sie kamen an einen großen See, verwandelten sich in Enten und schwammen ans andere Ufer. Als Donner an den See kam, sah er nichts als zwei Enten und ging wieder heim, während das Mädchen und der junge Mann wieder ihre menschliche Gestalt annahmen und am anderen Ufer weiterliefen.
Donner kam heim und erzählte seiner Frau, was er erlebt hatte. Sie lachte ihn aus und sagte: »Klar doch waren die Enten der junge Mann und deine Tochter.«
Da wurde Donner zornig und nahm die Verfolgung wieder auf. Wieder hörten die Flüchtlinge Donner kommen. Der junge Mann sah sich nach einem Versteck um. Er sah da eine Eule sitzen. Da versteckten er und die Frau sich unter den Schwingen der Eule.
Donner kam heran und fand keine Spur von ihnen. Dann entdeckte er die Eule. Er fing sie. Er tastete sie am ganzen Leibe ab. Nichts! Nur unter ihre Schwingen vergaß er zu schauen.
Also kam er wieder unverrichteter Dinge heim, und wieder sagte ihm seine Frau, was er falsch gemacht hatte, während der junge Mann mit der Tochter des Donners weiterlief, der Heimat des jungen Mannes entgegen.
Sie hatten es gar nicht mehr weit, da sprach die Frau: »Geh du voraus, ich will hier warten. Erzähle du ihnen, daß du nicht mehr allein bist.«
Kaum daß der junge Mann fort war, da zauberte sich die Frau vier Häuser, zog die Rolle aus der Decke hervor und füllte die vier Häuser mit ihren Kleidern und ihrem Besitz. Und eines der Häuser machte sie bereit für die Mutter des jungen Mannes.
Es dauerte nicht lange, da hörten sie Donner wieder herankommen. Er war unerhört zornig und wollte alle Leute in der Heimat des jungen Mannes töten. Aber die Frau hieb eine große Spalte in den Boden, dorthinein stürzte Donner. Er versank bis zu den Hüften und saß fest. Seine Tochter schlug ein Zelt über seinem Kopf auf und fütterte ihn durch ein Loch im Dach des Zeltes. Er

blieb dort zwei Jahre. Am Ende wurde er ungeduldig und versprach der Tochter, wenn sie ihn nur freiließen, wollte er sie nie mehr behelligen. Sie holten ihn aus der Spalte heraus. Sie ließen ihn ziehen, und der junge Mann und seine Frau lebten hinfort in Frieden.

Das verzauberte Pferd

Es war einmal ein alter Mann, der hatte einen Sohn, der hieß Louis. Louis pflegte auf die Jagd zu gehen, um seine Eltern zu unterhalten, denn sie waren sehr arm.
Eines Tages, während er jagte, kam ein Edelmann seine Eltern besuchen. Der Edelmann bot dem alten Mann einen Biberhut voller Gold für seinen Sohn und versprach, für den Jungen gut zu sorgen, dessen Pflichten es sein würde, sich um die Pferde des Edelmannes zu kümmern. »In zwanzig Jahren werde ich dir deinen Sohn zurückgeben«, sagte er.
Der alte Mann sprach über das Angebot des Edelmannes mit seiner Frau. Ihr gefiel der Vorschlag nicht. Aber der alte Mann, bedrängt durch den Gedanken an ihre Armut, versuchte, sie zu überzeugen. Und endlich nahm er das Angebot gegen den Willen seiner Frau an. Der Edelmann wartete, bis Louis kam, und dann nahm er ihn mit sich fort.
Als er mit ihm daheim ankam, führte er den Jungen in seinem Haus herum und erlaubte ihm, zu essen und trinken, was immer ihm gefiel. Er zeigte ihm auch zwei Töpfe – einen voller Gold und den anderen voller Silber – und sagte dem Jungen, die dürfe er nicht anrühren.
Später führte er ihn in den Stall, wo er die Pferde stehen hatte. Er zeigte ihm ein schwarzes Pferd in dem entlegensten Stall und erklärte ihm, auf dieses Tier müsse er ganz besonders achten. Unter anderem gab er Befehl, es dreimal täglich zu waschen und es dreimal täglich zu tränken. Dann wies er auf ein graues Pferd und sagte dem Jungen, das solle er dreimal täglich schlagen. Er solle ihm wenig zu fressen geben und es nur einmal innerhalb von vierundzwanzig Stunden tränken. Weiterhin befahl er, ihm nie das Zaumzeug abzunehmen.
Danach sagte er Louis, er gehe jetzt auf eine Reise und werde erst in einigen Wochen zurückkommen.

Louis führte die Anweisungen des Edelmannes aus, und als zwei Wochen vergangen waren, kam sein Herr zurück. Als erstes ging er in den Stall und sah sich die Pferde genau an. Das Aussehen des schwarzen Pferdes gefiel ihm, und er war auch zufrieden, daß das graue Pferd sehr mager aussah.
Während sie zusammen ins Haus zurückgingen, begann der Edelmann, mit Louis zu spielen. Der Junge sah, daß er ein Messer in der Hand hatte und war darum gar nicht weiter erstaunt, als er ihm damit in den Finger schnitt.
Der Edelmann entschuldigte sich, nahm eine Flasche aus der Tasche und rieb eine Flüssigkeit auf Louis Finger.
Louis war erstaunt, als er sah, daß sein Finger sofort heilte.
Später am Tag sagte er Louis, er verreise nun wieder. Diesmal für eine Woche. Er möge auf die Pferde so gut aufpassen wie zuvor.
Als er fort war, siegte bei Louis die Neugierde. Er nahm den Deckel von den Töpfen und tauchte seinen Finger in die goldene Flüssigkeit. Er zog den Finger heraus, und, sieh da, sein Finger war in Gold verwandelt. Sofort wurde ihm klar, daß sein Herr merken werden, was er getan hatte, und um den Finger zu verbergen, wickelte er einen Lumpen darum. Dann überkam Louis auch Mitleid, und er schlug das graue Pferd nicht mehr.
Am Wochenende kam der Gentleman zurück und fragte Louis, wie es den Pferden gehe. Er war zufrieden, nachdem er sich im Stall umgesehen hatte. Und wieder begann er, mit Louis zu spielen, während er das Messer in der Hand hielt.
Während er sich mit ihm balgte, sah er, daß Louis' Finger verbunden war, und er fragte den Jungen, was denn mit dem Finger los sei. Louis sagte, er habe sich geschnitten. Der Edelmann riß den Lumpen ab und sah, daß Louis' Finger sich in Gold verwandelt hatte. Da wußte er, daß Louis sein Verbot, die Töpfe anzurühren, mißachtet hatte. Er wurde zornig, faßte Louis Finger und riß ihn ab. Danach warf er ihn in den Topf und warnte Louis, nicht noch einmal solche Dummheit zu begehen. Er balgte sich mit ihm wie zuvor und schnitt ihm in die Hand. Zum zweiten Mal wandte er die Flüssigkeit an, und wieder heilte die Hand des Jungen auf der Stelle. Wieder sagte er Louis, er gehe fort und werde nun drei Wochen wegbleiben. Das graue Pferd befahl er ihm, fünf Mal an jedem Tag zu schlagen.
An diesem Tag gab Louis den Pferden Wasser, und es fiel ihm auf, daß das graue Pferd kaum etwas trinken konnte. Also nahm er ihm das Zaumzeug ab und tränkte es.

Als das Pferd seinen Kopf aus der Traufe hob und Louis ansah, hatte es das Gesicht eines Mannes, und der sprach zu Louis: »Du hast mich gerettet. Wenn du jetzt tust, was ich dir sage, werden wir beide gerettet werden. Der Herr ist kein Mensch, sondern der Teufel. Er kam auch zu meinen Eltern und kaufte mich ihnen für eine Handvoll Geld ab. Jedesmal, wenn er kommt und dich schneidet, prüft er, ob du schon fett genug bist, geschlachtet zu werden. Wenn er diesmal zurückkommt, wird er dich wieder auf diese Weise prüfen, und wenn er findet, daß du nicht fett genug bist, wird er dich in ein Pferd verwandeln. Bist du aber fett genug, so wird er dich schlachten. Wenn du nun tust, Louis, was ich dir sage, werden wir uns beide retten können. Füttere mich zwei Wochen lang gut und lege dem Schwarzen mein Zaumzeug an und schlage es fünf Mal am Tag. Kurzum, behandele es so, wie du mich behandeln solltest.«
Louis tat, was das graue Pferd ihm gesagt hatte, und das Tier nahm gut zu. Das schwarze Pferd aber verlor zusehends an Gewicht. Nachdem die zwei Wochen um waren, befand sich das graue Pferd in gutem Zustand, das schwarze aber war übel dran.
»Jetzt«, sagte das graue Pferd, »wird der Teufel vermuten, daß etwas nicht in Ordnung ist, wenn er heimkommt. Wir müssen rasch von hier verschwinden. Da das schwarze Pferd sehr schnell ist, mußt du ihm die Beine abschneiden: schneide ihm das linke Vorderbein unter dem Knie ab, schneide ihm das rechte Vorderbein über dem Knie ab, schneide ihm das rechte Hinterbein über dem Knie ab und das linke Hinterbein unter dem Knie. Auf diese Weise wird er nicht so rasch auf ihm reiten können.«
Louis tat, wie das graue Pferd ihm aufgetragen. Das graue Pferd wies ihn dann an, ins Haus zu gehen und die Töpfe mit Silber und Gold zu holen. Louis kehrte mit ihnen zurück. Das Pferd sagte zu Louis, es wolle seinen Schwanz in den Topf mit dem Silber tauchen und seine Ohren und Mähne in den Topf mit dem Gold. »Und du tauche dein Haar in den goldenen Topf«, sagte das Pferd, »und steck deinen kleinen Finger in das Metall. Nimm den Sattel, leg ihn mir auf, geh ins Haus und hole drei Körner von dem schwarzen Mais, der auf dem Regal liegt, und nimm auch seinen Feuerstein, den Stahl und das Zunderholz mit. Nimm auch die Ahle, den runden Kiesel, der von der Meeresküste stammt, und den Wisch Heu.«
Louis tat, wie das Pferd ihm geheißen, stieg dann auf den Rücken des Tieres und ritt fort.

Der Teufel kam zwei Tage nachdem sie aufgebrochen waren, heim und als er sah, daß das graue Pferd fort war und das schwarze Pferd verstümmelt, konnte er sich schon denken, was hier geschehen war. Er wurde sehr wütend und dachte darüber nach, wie er die Flüchtenden überlisten könne. Endlich brach er zu ihrer Verfolgung auf.

Nachdem Louis und das graue Pferd mehrere Tage unterwegs waren, sprach das graue Pferd zu dem Jungen: »Der Teufel und das schwarze Pferd sind uns schon verdammt nahe auf den Fersen. Du hast ihm die Beine nicht weit genug abgehackt. Gib mir etwas von dem schwarzen Mais, und ich werde etwas schneller rennen.«

Der Junge gab ihm eines der Maiskörner, und das graue Pferd rannte viel schneller.

Nachdem ein paar Tage vergangen waren, sagte das Pferd wieder: »Louis, er kommt uns näher und näher. Du mußt mir noch ein Korn geben.«

Also gab der Junge ihm das zweite Korn, und das graue Pferd wurde wieder schneller.

Drei Tage darauf sagte das graue Pferd: »Gib mir das letzte Korn. Er kommt sehr nahe.«

Nach weiteren drei Tagen, sprach das graue Pferd wieder, und es sagte: »Louis, er ist sehr nahe. Wirf die Ahle hinter dich!«

Louis tat, wie ihm geheißen, und das Pferd sagte: »Nun wächst aus dieser Ahle ein Dornbusch von vielen Meilen.«

Als der Teufel heranritt, hatte er ein solches Tempo, daß er nicht mehr abstoppen konnte und geradewegs in die Dornen hinritt und sein Pferd erst wieder unter großen Schwierigkeiten herauszerren konnte. Dann mußte er um den riesigen Dornenbusch herumreiten, und Louis bekam einen großen Vorsprung.

»Louis, jetzt ist er uns aber wieder sehr nahe«, sagte das Pferd einige Tage später. »Wirf den Feuerstein hinter dich.«

Louis gehorchte. Und als der Teufel nun herankam, stand er vor einer Wand aus schierem Fels, die sich über viele Meilen hinzog. Wieder mußte er einen großen Umweg machen, und Louis gewann abermals einen Vorsprung.

Nach einigen Tagen sagte das graue Pferd: »Louis, wir haben jetzt nur noch zwei Zaubermittel, und ich fürchte, wir gehen schweren Zeiten entgegen.«

»Ich glaube«, sagte Louis, »jetzt werfe ich das Zunderholz hinter mich.« Das tat er, und als es den Boden berührte, schoß eine

gewaltige Stichflamme auf, und die Wälder im weiten Umkreis gerieten in Brand.
Als der Teufel ankam, ritt er in seinem hastigen Übereifer in das Feuer hinaus. Er hatte große Mühe, sein Pferd aus den brennenden Wäldern herauszuführen, und dadurch gewannen die Flüchtenden wieder einen großen Vorsprung. Aber nach zwei, drei Tagen hatte der Teufel sie abermals fast eingeholt.
Das graue Pferd sprach nun zu Louis: »Ich fürchte, er wird uns einholen, ehe wir das Meer erreicht haben. Er holt rasch auf und kommt uns näher und näher. Besser, du wirfst den Kiesel hinter dich. Es ist die einzige Chance, die uns bleibt.«
Louis warf den Kiesel hinter sich, und das Ergebnis war, daß ein großer See sich bildete, der sich über viele Meilen hin erstreckte.
Der Teufel ritt zu dem See, und da er nicht wußte, wie er hindurchgelangen sollte, ritt er um ihn herum. Dadurch verlor er viel Zeit, und Louis und das graue Pferd waren unterdessen fast bis zum Meer gekommen.
»Er holt wieder auf«, sagte das Graue Pferd, »und ich bin schon sehr müde.«
Wenn er nach vorn sah, blickte Louis auf den Ozean. Wenn er sich umwandte, sah er den Teufel, der immer näher kam.
»Louis, ich fürchte, wir schaffen es nicht«, sagte das Pferd.
Nun begriff zwar Louis nicht, welchen Vorteil sie davon hatten, wenn sie rechtzeitig das Meer erreichten, aber das sollte sich bald herausstellen.
Sie erreichten die Küste vor dem Teufel, und das graue Pferd sagte: »Louis, wirf den Wisch Heu hinter dich.«
Louis gehorchte, und siehe da, der Wisch Heu verwandelte sich in eine Brücke. Sie ritten auf die Brücke, und als sie wieder festen Boden erreichten, faltete sich die Brücke hinter ihnen zusammen. Der Teufel aber erreichte das Meer nicht, ehe sie in Sicherheit ware. »Das war Pech«, sagte der Teufel, »meine Brücke habt ihr mitgenommen. Sonst hätte ich euch zum Mittagessen verspeist!«
In dem neuen Land jenseits des Meeres entdeckten das graue Pferd und Louis eine Höhle.
»Nun«, sagte das graue Pferd zu Louis, »stell mich in der Höhle unter, geh zum Haus des Königs und schau, ob du dort Arbeit findest. Wickel dir etwas um den Kopf, damit sie nicht dein goldenes Haar sehen, und mach dasselbe mit deinem Finger.

Wenn du das Haus des Königs erreichst, lege dich mit dem Gesicht zur Erde und warte, bis sie das Spülwasser ausschütten. Sie werden dich dann fragen, was du da willst. Sag ihnen, du suchtest Arbeit und seiest ein guter Gärtner. Vergiß nicht, einmal am Tag im Garten dein Haar zu kämmen und zwar an einer Stelle, an der sie dich nicht sehen können.«

Der junge Mann tat alles, was das graue Pferd ihm geraten hatte. Und als eins der Mägde das Spülwasser ausleerte, bemerkte sie den Jungen und führte ihn geradewegs zum König.

Seine Majestät befragte Louis. Er ließ sich den Namen des Jungen nennen und seine Wünsche. Louis erzählte dem König, daß er Arbeit suche, und da er seine Fähigkeiten als Gärtner rühmte, stellte der König ihn als Gärtner an. Jeden Mittag versteckte er sich und kämmte sein Haar, und dann band er sich wieder ein Tuch um den Kopf. Obwohl er eigentlich ein hübscher Kerl war, sah er mit dem Tuch um den Kopf nicht gerade sehr gut aus. Seine Arbeit aber tat er ausgezeichnet, und der König stellte bald fest, daß sein Garten viel schöner aussah.

Eines Tages, als der Junge sich sein Haar kämmte, schaute die Prinzessin aus dem Fenster und sah Louis' Haar. Sie sah, daß das Haar golden war, und das Licht davon fiel in ihr Zimmer und wurde vom Spiegel zurückgeworfen.

Louis bemerkte nicht, daß er beobachtet wurde, und als er seine Toilette beendet hatte, band er sich wieder das Tuch um den Kopf und ging fort. Die Prinzessin aber war ganz verzaubert von dem, was sie da gesehen hatte.

Am nächsten Tag ging er das Pferd in der Höhle besuchen. Das Pferd aber wußte schon, daß die Prinzessin ihm beim Kämmen zugeschaut hatte.

»Morgen«, sagte das Pferd, »wird der König dich fragen, ob du königliches Blut in deinen Adern hast. Sag ihm, du seist das Kind armer Eltern. Es gibt da einen Prinzen, der die Prinzessin heiraten möchte, aber sie liebt ihn nicht. Wenn du im Garten wieder an die Arbeit gehst, wird dir die Prinzessin eine Mitteilung herunterwerfen. Die rühr nicht an. Einmal wirst du sie schon heiraten, Louis, aber du darfst nicht vergessen, was ich dir gesagt habe.«

Louis ging zurück. Die Prinzessin warf ihm Mitteilungen herunter, aber er beachtete sie nicht.

Unterdessen war der Prinz gekommen, um die Prinzessin zu besuchen und sich mit ihrem Vater über die Eheschließung zu

verständigen. Die Prinzessin jedoch wollte den Prinzen nicht ansehen. Der König fragte seine Tochter, was denn in sie gefahren sei, da sagte sie ihm, sie wolle lieber den Gärtner heiraten.
Der König wurde sehr zornig. Einen so armen Teufel zu heiraten, das komme gar nicht in Frage, sagte er.
»Hast du mir nicht immer gegeben, was ich wollte?« fragte sie den König.
»Ja«, antwortete er, »aber du mußt einen Prinzen heiraten.«
Sie weigerte sich weiter, den Prinzen zum Mann zu nehmen.
Da wurde der König noch zorniger und ging zu seiner Frau, um mit ihr zu besprechen, was die Prinzessin ihm gesagt hatte.
»Ich glaube«, sagte die Königin, »der Gärtner ist ein verkleideter Prinz.«
Der König ließ Louis zu sich kommen, und der junge Mann gehorchte. Unter all den Fürsten und Grafen stand er mit verbundenem Kopf. Der König fragte ihn, ob er von königlichem Gemüt sei.
»Nein«, erwiderte er, »ich bin der Sohn armer Eltern.«
Der König hieß ihn wieder zu gehen.
Die Prinzessin aber gab keine Ruhe. Sie heiratete Louis einfach heimlich, und als sie getraut waren, traten sie zusammen vor den König. Das Mädchen sagte ihrem Vater, was sie getan hatte, und bat um eine Mitgift.
Der König sagte ihr, ihre Mitgift sei der Schweinekoben, in dem er seine Schweine mästen ließ. Und so zog das Paar arm vom Königshof fort.
Die Königin war in Tränen aufgelöst. Sie war empört, wie der König seine Tochter behandelt hatte, er aber blieb ungerührt.
Die Prinzessin und Louis mußte mit dem wenigen auskommen, was die Königin ihnen zustecken konnte.
Bald sagte die Prinzessin zu Louis: »Wir sollten besser an den Ort gehen, wo deine Eltern leben.«
»Nein«, sagte Louis, »wir müssen dorthin, wohin der König uns schickt. Sein Wille ist mir Gebot.«
Also bezogen sie den Schweinekoben und richteten sich dort häuslich ein.
Jeden Tag, wenn die Prinzessin ins Schloß ging, gaben ihr die Dienstboten die Reste der Mahlzeiten vom Tisch des Königs. So ging das mehrere Wochen, bis eines Tages Louis an sein Pferd denken mußte.

Er ging zur Höhle, um nachzuschauen, wie es dem Pferd gehe.
»Nun, Louis«, sprach das Pferd, »ich sehe, du hast geheiratet, aber dein Schwiegervater behandelt dich schlecht. Wenn du mal in meinem linken Ohr nachschaust, so wirst du dort ein zusammengefaltetes Tuch finden.«
Louis tat, wie ihm geheißen, und das graue Pferd fuhr fort: »Nimm das Tuch. Wenn es Essenszeit ist, entfalte es, und du wirst die besten Speisen vor dir finden. Komm mich morgen wieder besuchen.«
Louis kehrte in seinen Schweinestall zurück, wo seine Frau gerade dabei war, die Reste von der königlichen Tafel zu verzehren.
Er breitete das Tuch aus, und siehe da, vor ihnen standen die besten Speisen und Getränke. Es war das erste rechte Essen, das sie zu sich nahmen, seit sie geheiratet hatten.
Am nächsten Tag ging Louis zurück zur Höhle, um das Pferd wieder zu besuchen.
»Höre«, sagte es, »dein Schwiegervater zieht morgen in den Krieg, weil seine Tochter diesen Prinzen, der um sie anhielt, nicht hat heiraten wollen. Besser, du reitest auch mit. Sag deiner Frau, sie soll für dich Pferd und Waffen ausleihen.«
Als er in den Schweinekoben zurückkehrte, erzählte Louis, was er gehört hatte. Die Prinzessin ging auf das Schloß und lieh sich ein Pferd und eine Rüstung. Zuerst wollte der König nichts davon hören, aber die Königin konnte ihn schließlich dazu überreden. So bekam Louis eine alte Mähre und ein altes Schwert. Als am nächsten Morgen die Streitmacht aufbrach, stellte Louis fest, daß der alte Gaul zu schwach war, um ihn überhaupt zu tragen. Er fragte das graue Pferd um Rat, und dieses hieß ihn, in sein rechtes Ohr schauen. Dort fand er eine kleine Schachtel, in der lag ein Ring. Das Pferd sagte ihm, nun könne er sich wünschen, was er wolle, und er wünschte sich ein Pferd und Waffen, besser als die des Königs.
Louis sprach seinen Wunsch aus, und sofort war alles da. Das graue Pferd bat ihn nun, ihm Mähne und Schwanz zu kämmen, und danach brachen sie auf. Als sie an dem Schweinekoben vorbeikamen, hielt Louis' Frau ihren Mann für einen König aus fremden Landen und bat ihn, ihren Vater nicht zu töten. Das versprach Louis.
Der Kampf war schon in vollem Gange, als Louis ankam. Der Feind bedrängte den König hart, aber Louis konnte alles zum

Guten wenden. Ohne zu erkennen, wer er wirklich war, dankte der König dem fremden Prinzen (denn für einen solchen hielt er Louis nun unbedingt) für die Waffenhilfe. Zusammen ritten sie zurück. Auf dem Heimweg machten sie ein Rennen, denn der König war sehr stolz auf seine Stute und wollte mit ihr angeben. Louis aber ließ ihn weiter hinter sich zurück. Er ritt zur Höhle, nahm seinem Pferd den Sattel ab, legte seine alten Kleider wieder an und band etwas um seinen Kopf.

Ehe er fortging, erzählte ihm das graue Pferd, daß der König morgen wieder in den Krieg reiten müsse und daß Louis sich noch einmal Pferd und Waffen ausleihen solle.

Er nahm die alte graue Mähre und das Schwert mit zum Schweinekoben und bat seine Frau, es ihrem Vater zurückzubringen.

Als sie auf das Schloß kam, sagte sie ihrem Vater, daß ihr Mann ihm für Schwert, Rüstung und Waffen danken lasse. Der König erkundigte sich, ob Louis überhaupt in der Schlacht mit dabei gewesen wäre, er habe ihn gar nicht gesehen. Die Prinzessin sagte, er sei sehr wohl mit dabei gewesen. Der König beharrte darauf, nein, Louis sei nicht mit dabei gewesen, sonst hätte er ihn doch wohl gesehen, oder?

Die Prinzessin konnte ihren Vater nicht überzeugen und kehrte zum Schweinekoben zurück.

Als die Prinzessin ging, sagte sie noch zu ihrer Mutter, natürlich sei Louis mit bei der Schlacht dabeigewesen. Wie sonst hätte er beschreiben können, wie die Schlacht verlaufen sei.

Die Königin hielt das dem König vor.

»Das war doch ein Fremder, der dir geholfen hat?« sagte sie.

»Ja«, gab der König zu, »da war ein fremder Prinz, und ohne seine Hilfe hätte ich die Schlacht verloren.«

»Nun«, sagte die Königin, »das muß dein Schwiegersohn gewesen sein.«

Als er zum Schweinekoben zurückkam, erzählte die Prinzessin, der König lasse es sich nicht ausreden – Louis habe gar nicht an der Schlacht teilgenommen.

»Wenn ich nicht dabei gewesen wäre«, erwiderte Louis, »läge der König heute tot auf dem Schlachtfeld, und seine Feinde hätten gesiegt.« Danach redeten sie nicht mehr davon.

Am nächsten Morgen schickte er seine Frau wieder auf das Schloß, um Pferd und Rüstung zu leihen. Der König gab seiner Tochter wieder dieselbe Ausrüstung für seinen Schwiegersohn wie schon am Tag zuvor. Als er aber auf das Schlachtfeld ritt, hatte er wieder das beste Pferd, die beste Ausrüstung und das beste Schwert.

Wie beim ersten Mal war er es, der den Kampf zu Gunsten des Königs entschied.

Nach der Schlacht ritten Louis und der König zusammen heim. Der König wollte herausfinden, wer der tapfere Prinz denn sei. Er beschloß, ein Zeichen zu setzen, an dem er ihn wiedererkennen könne. Er zog sein Schwert und stieß es Louis ins Bein. Ein Stück von der Schwertspitze brach ab und blieb in der Wunde stecken. Der König tat so, als habe er seinen Begleiter nur durch Zufall verletzt und als tue es ihm sehr leid. Er ließ die Wunde sorgfältig von seinem Leibarzt verbinden. Als sie dann wieder anritten, gab Louis seinem Pferd die Sporen, und als er die Höhle erreichte, wechselte er wieder die Pferde. Am Schweinekoben kam er auf der grauen Mähre angeritten.

Er war aber so schwer getroffen, daß er nur mit Mühe gehen konnte.

Als seine Frau ihn fragte, was denn geschehen sei, erklärte er ihr, wie es zu der Verletzung gekommen war. Da nahm seine Frau ein Taschentuch, zog das Stück von dem Schwert, das noch in der Wunde steckte, heraus und verband danach die Wunde wieder. Dann nahm sie das Pferd, Schwert und Rüstung und das Stück von dem Schwert des Königs und ging damit zu ihrem Vater. Sie sagte ihm, ihr Mann schicke das Taschentuch und das Stück des Schwertes und lasse sich dafür bedanken, daß der König ihn ins Bein gestochen habe, nachdem die Schlacht durch seine Hilfe gewonnen worden sei.

Der König war so überrascht, daß er fast in Ohnmacht fiel. Die Königin begann mit dem König zu schimpfen: »Habe ich dir nicht schon zu Anfang gesagt«, rief sie, »er ist ein verkleideter Prinz!«

Der König schickte seine Tochter zum Schweinekoben und ließ Louis um Entschuldigung bitten. Er bat den jungen Mann zu sich. Louis weigerte sich. Er sagte, eines Königs Wort sei Gesetz, ein König dürfe nicht heute so und morgen so reden. Er lag im Bett und hatte große Schmerzen.

Die Prinzessin lief wieder zu ihrem Vater und richtete ihm aus, was ihr Mann gesagt hatte. Der König schickte nun einen seiner Ratgeber nach dem anderen zu Louis, aber alle kamen unverrichteter Dinge wieder ins Schloß zurück. Endlich suchten der

König und die Königin selbst Louis in seinem Schweinekoben auf und entschuldigten sich bei ihm. Louis blieb bei seiner Weigerung. Der König fiel hin und beschmutzte sich mit dem Schlamm rings um den Schweinekoben.
Die Königin aber kam, ohne daß sie sich beschmutzt hätte, zum Schloß zurück.
In derselben Nacht nahm Louis seinen Ring und wünschte sich, zusammen mit seiner Frau in einem schönen Schloß aufzuwachen. Und siehe da, als die Sonne aufging, war sein Wunsch erfüllt worden. Der König staunte nicht schlecht, als da plötzlich ein großartiges Schloß stand. Er schickte Louis eine Botschaft und erklärte ihm den Krieg. Der junge Mann ließ dem König durch seine Tochter ausrichten, beim zweiten Schuß, der falle, werde sein Königreich dem Erdboden gleich sein. Er riet aber seiner Frau, ihre Mutter mitzubringen.
Die Königstochter tat, wie ihr geheißen, und brachte ihre Mutter mit.
An diesem Nachmittag beschoß der König Louis' Schloß. Aber die Kugeln richteten überhaupt keinen Schaden an. Durch Zauber lösten sie sich in der Luft zu Staub auf. Der junge Mann warnte den König. Noch einen Schuß ... und er werde auch schießen lassen. Aber der König, starrköpfig wie er war, ließ sich von der Warnung nicht beeindrucken. Da ließ Louis zurückschießen. Bei der ersten Salve fiel die Hälfte der Stadt des Königs in Schutt und Asche, bei der zweiten Salve war nichts mehr von ihr übrig. Die Leute waren vorher alle schon aus der Stadt des alten Königs geflüchtet. Nur er selbst saß noch auf dem Schloß. Und was immer mit ihm geschehen sein mag, viel Gutes kann es nicht gewesen sein, es geschah ihm recht.

QUELLENVERZEICHNIS

DIE ABENTEUER DES RABEN: Boas, Report of the Bureau of American Ethnology, XXXI, 58.

SEDNA, DIE HERRIN DER UNTERWELT: Boas, Report of the Bureau of American Ethnology, VI, 583.

SCHWESTER SONNE, BRUDER MOND: Boas, Report of the Bureau of American Ethnology, VI, 597.

DER ANFANG DER CREE-WELT: Tyrell, J. B. (ed.), David Thompson's Narrative of His Explorations in Western North America 1784–1812, The Camplain Society, Toronto, 1916.

GLOOSCAP: Rand, Silas, Legends of the Micmacs, New York, London, 1894.

GLOOSCAP UND SEINE VIER BESUCHER: Rand, Silas, a. a. O.

WIE GLOOSCAP DIE VÖGEL SCHUF: Canadian Fairy Tales, London 1922.

MANABOZOS GEBURT: Skinner and Satterlee, Anthropological Papers of the American Museum of Natural History, XIII, 239.

MANABOZOS WOLFSBRUDER: Hoffmann, Report of the Bureau of American Ethnology, XIV, 115.

MANABOZO SPIELT LACROSSE: Skinner and Satterlee, a. a. O., XIII, 255.

DER URSPRUNG DER GESCHICHTEN: Curtin, Jeremiah, Indian Myth, New York 1923.

DER URSPRUNG DER SENECA-MEDIZIN: Smith, Erminnie A., Myth of the Iroquois, Washington 1883, pp. 47–111.

DER URSPRUNG DER IROKESEN-MEDIZIN: Johnson, Elias, Legends, Traditions and Laws of the Iroquois or Six Nations and History of the Tuscarora Indians, Lockport, N. Y. 1881.

DER ERSTE WAMPUM: Connelly, William E., The Wyandots, archaelogical report 1899, Report of the Minister of Education, Ontario, Toronto 1900.
Smith, Erminnie A., a. a. O.

DER ERSTE TABAK: Connelly, William E., a. a. O., S. 96-98.

DER URSPRUNG DES BIBER-MEDIZINBÜNDELS: Jenness, Diamond, The Indian of Canada, Ottawa o. J., The Sarcee Indians of Alberta, Ottawa 1938.

DER URSPRUNG DES SONNENTANZES: McClintock, Walter, The Old North Trail, Legends and religion of the Blackfeet Indians, London 1910.

DER URSPRUNG DES SCHWITZHAUSES: Hodge, Frederick W. (ed.), Handbook of American Indians North of Mexico, 2. vol., Washington Print Office, 1912.
Spier, Leslie (ed.), The Sinkiaietk or South Okanagon of Washington, General Series in Anthropology, Nr. 6, Menasha, Wisconsin, 1938.

MÄRCHEN AUS DEM SCHWITZHAUS: Tales from the Smokehaus, Herbert Z. Schwarz, Edmonton, 1974.

DIE ABENTEUER DES WISAKEDJAK: erzählt von Albert Lightning 1954. Siehe auch in: Indian Legends of Canada (ed. by Ella Elizabeth Clark), Toronto, 1960.

DER UNGESCHICKTE WIRT: Memoirs of the American Folklore Society, VI, 40.

BIBER UND STACHELSCHWEIN: Bulletin of the Bureau of American Ethnology, XXXIX, 220, Nr. 63.

DER SONNENMANN PRÜFT SEINEN SCHWIEGERSOHN: Boas, Jesup North Pacific Expedition, I, 73.

DER UNNATÜRLICHE ONKEL: Golder, Journal of American Folklore, XVI, 90, No. 8.

DER BESUCH BEI HÄUPTLING ECHO: Boas, Report of the Bureau of American Ethnology, XXXI, 85.

DER EIFERSÜCHTIGE VATER: Skinner, Anthropological Papers of the American Museum of Natural History, IX, 92.

DER JUNGE, DER EIN REH WURDE: Teit, Memoirs of the American Folklore Society, XI, 40, No. 24.

MUDJIKIWIS: Skinner, Journal of American Folklore, XXIX, 353, Nr. 3.

DER SIEBENKÖPFIGE DRACHE: Skinner, a. a. O. XXIX, 330, Nr. 1.

JOHN DER BÄR: Lowie, Anthropological Papers of the American Museum of Natural History, IV, 147.

DIE TOCHTER DES DONNERS: Farrand, Jesup North Pacific Expedition, II, 26, Nr. 11.

DAS VERZAUBERTE PFERD: Mechling, Journals of American Folklore, XXVI, 247, Nr. 5.

Bitte umblättern:

auf den nächsten Seiten informieren wir Sie über weitere interessante Fischer Taschenbücher.

Die Welt der Märchen

Afrikanische Märchen
Band 969

Arabische Märchen aus dem Morgenland
Band 1987

Herbert Boltz
Wie das Kängeruh einen Schwanz bekam
Märchen der australischen Ureinwohner
Band 2846

Chinesische Märchen
Band 1408

Carl Einstein
Der Gaukler der Ebene
und andere afrikanische Legenden
Band 2843

Englische Märchen
Band 1726

Erotische Märchen aus Rußland
Band 1823

Iring Fetscher
Wer hat Dornröschen wachgeküßt?
Das Märchen-Verwirrbuch
Band 1446

Französische Märchen
Band 1153

Josef Guter
Der König der Raben
Zaubermärchen aus elf Ländern
Band 2849

Frederik Hetmann
Die gefiederte Schlange
Indianermärchen aus dem Südwesten Amerikas
Band 2848

Fischer Taschenbuch Verlag

fi 144/2 a

Märchen und Sagen aus aller Welt

Herausgegeben von Frederik Hetmann

Englische Märchen
Band 1726

Indianermärchen aus Kanada
Band 2806

Indianermärchen aus Mexiko
Band 2824

Die gefiederte Schlange
Indianermärchen aus dem Südwesten Amerikas
Band 2848

Indianermärchen aus Nordamerika
Band 1110

Irische Gespenstergeschichten
Band 1716

Irische Märchen
Band 1225

Irischer Zaubergarten
Märchen, Sagen und Geschichten
von der grünen Insel
Band 2854

Keltische Märchen
Band 1593

Eulenruf und Geistertanz
Märchen der Sioux und Cheyenne
Band 2836

Märchen des Schwarzen Amerika
Band 1497

Kindergeschichten aus Irland
Band 1919

Kindergeschichten der Indianer
Band 2818

Fischer Taschenbuch Verlag

Oliver La Farge

Indianische Liebesgeschichte

»Laughing Boy«

Roman

Fischer Taschenbuch Band 2458

Dieser Roman, der 1929 mit dem Pulitzer-Preis ausgezeichnet wurde, erzählt die melancholische Geschichte der Liebe zwischen Lachender-Knabe und Schlankes-Mädchen, Indianer vom Stamm der Navajo, die an den unseligen Auswirkungen der weißen Zivilisation schließlich scheitert.

Lachender-Knabe lernt Schlankes-Mädchen auf einem traditionellen Indianerfest kennen, weit entfernt von seinem Heimat-Wigwam. Sie verlieben sich ineinander und heiraten. Schlankes-Mädchen, die in einer Missionsschule der Weißen erzogen wurde, muß mühsam die alten Sitten und Bräuche erlernen. Sie leben vom Verkauf selbstgeschmiedeten Silberschmucks und handgewebter Decken und wollen zu seinem Volk in den Norden ziehen, sobald sie genug verdient haben. Aber es kommt anders. Schlankes-Mädchen wird von ihrer verhängnisvollen Vergangenheit unter den Weißen eingeholt.

Diese »Indianische Liebesgeschichte«, von der Dichterin Lulu von Strauß und Torney meisterhaft ins Deutsche übertragen, gehört zu den berühmten klassischen Werken über die sterbende Welt der Indianer.

Fischer Taschenbuch Verlag

fi 257/1